THE
PARABLE
OF THE
PIPELINE

지속적인 잉여 소득의 원천! 파이프라인을 구축하는 비결!

파이프라인 우화

P I P E L I N E

저자 **버크 헤지스**

도서출판 **LINE**

Tribute
헌 사

파이프라인 하나는
월급봉투 천 개와 맞먹습니다.

파이프라인을 구축하십시오.
파이프라인을 구축하는 지혜와 그 지혜를
다른 사람들과 나누겠다는 열정을 지닌 모든
사람들에게 이책을 바칩니다.

그리고 제가 아직 10대일 때,
'파이프라인은 삶의 생명선' 임을
일깨워주신 제 아버지께 진심으로
감사드립니다.
더불어 제 아버지의 인내와 시간을
초월하는 지혜를 세상의 많은 사람들에게 전
할 수 있도록 애써주신 분들에게
감사 드립니다.

당신도 백만장자가 될 수 있다

100년 전만 해도 평범한 사람이 백만장자 대열에 오른다는 것은 꿈도 꾸지 못할 일이었습니다. 20세기가 시작되던 시절 평범한 사람들의 삶이 어땠는지 아시나요?

1900년 미국인의 평균 임금은 시간당 22센트였습니다. 노동자들은 당시 최저생계비에도 미치지 못하는 200~400달러를 벌었지요. 전체 미국인 중에서 고등학교를 졸업한 사람은 6퍼센트에 불과했고 평균 수명은 겨우 마흔일곱 살에 지나지 않았습니다.

집 안에 욕조 시설을 갖춘 가정이 전체의 14퍼센트였고 자동차 수는 8,000대였으며 포장도로는 144마일(약 230킬로미터)이었습니다. 더구나 제1차 세계대전이 발발하기 전까지 미국의 일반 가정에서는 수입의 80퍼센트를 기본적인 의·식·주를 해결하는 데 썼습니다.

100년 전 미국인은 부유층과 빈곤층으로 나뉘어 있었는데, 이 중에서 10퍼센트가 상류층과 중산층이었고 나머지 90퍼센트는 빈곤층이었습니다.

겉모습만 그럴싸한 중산층

오늘날의 현실은 그때와 어떻게 달라졌을까요? 오늘날 미국인의 평균 소득은 4만 7,000달러이고 자동차 대수는 인구수보다 많습니다. 대부분의 가정에서 TV를 두 대 이상 보유하고 있고 평균 수명은 일흔다섯 살로 늘어났습니다.

그리고 평범한 사람들도 더 많은 가처분소득(소득 중 개인이 자유롭게 처분이 가능한 돈)과 여가 시간, 자신의 일을 스스로 선택할 기회를 누리고 있습니다. 이처럼 외형적으로는 그럴싸하지만 사실 7,200만 가구에 달하는 대다수 중산층이 직장에서 열심히 일해 벌어들이는 급여에 의지해 하루하루를 살아간다는 점에서는 달라진 것이 없습니다.

여기에다 그들이 집, 자동차, 가구를 구입하느라 사용한 신용카드의 할부금이나 부채를 고려하면 그들에게 모아둔 재산은 한 푼도 없는 셈입니다. 물론 예전에 비해 가구당 소득이 늘어난 것은 사실이지만 그와 동시에 가구당 부채와 노동시간도 늘어났습니다.

대체 어쩌다 이런 일이 벌어지게 된 것일까요?

잘못된 시스템을 선택하면 어떤 노력도 무용지물이다

늘 열심히 일하는데도 불구하고 왜 항상 시간적, 경제적으로 허덕이고 쪼들리는지 생각해본 적 있습니까? 결론을 말하자면 그것은 출발부터 잘못된 길로 들어섰기 때문입니다. 아무리 노력해도 원하는 성과를 거둘 수 없는 시스템을 선택했다는 얘기입니다. 여기에다 돈을 벌고 재산을 모으는 것에 대해 기본적인 인식이 부족합니다.

믿기 어려울지 모르지만 분명한 사실을 하나 알려드리겠습니다. 이것은 여러분이 꼭 받아들여야 하는 절대적인 진리입니다. 아주 간단하고 분명한 그 진리는 '100년 전과 달리 오늘날 백만장자가 되는 것은 선택의 문제'라는 점입니다. 백만장자는 우연히 탄생하는 것이 아닙니다. 이것은 실제로 검증을 마친 진리입니다.

그러므로 현대인은 누구나 백만장자가 될 가능성이 있습니다. 말도안 된다고요? 고정관념을 버리면 새로운 것이 눈에 들어옵니다. 그것은 아주 간단한 일입니다. 만약 여러분이 백만장자가 되고 싶다면 다음의 3단계를 실천하면 됩니다.

> - 1단계 : 돈을 벌고 재산을 모으는 방법을 이해한다.
> - 2단계 : 성공 가능성이 검증된 돈을 버는 방법을 그대로 모방한다.
> - 3단계 : 인내심을 갖고 끈기 있게 도전한다.

간단히 말해 이해, 모방, 인내심만 있으면 어떤 사람이든 어떤 상황에 놓여 있든 백만장자가 될 수 있습니다.

백만장자 시스템

이 책에는 여러분처럼 평범한 사람이 자기 자신뿐 아니라 사랑하는 사람이나 가족을 위해 시간적, 경제적으로 여유로워지기 위해 따라야 하는 입증된 성공 시스템이 나옵니다. 오랫동안 아주 많은 사람이 간단하고 쉬운 이 시스템을 활용해왔습니다. 실제로 지난 반세기 동안 수백만 명이 이 시스템을 통해 백만장자의 반열에 올랐습니다.

이제는 행운이 따라야 백만장자가 되는 시대가 아닙니다. 오늘날 백만장자가 되는 열쇠는 이미 돈 버는 방법임이 입증된 시스템을 익히고 그것을 그대로 따르느냐 아니냐에 달려 있습니다. 토머스 스탠리(Thomas Stanley)가 쓴 베스트셀러 《이웃집 백만장자(The Millionaire Next Door)》에 보면 이런 글이 나옵니다.

"오늘날의 백만장자는 대부분 록펠러나 밴더빌트 가문의 후손이 아니며 80퍼센트 이상이 자수성가한 사람들이다."

굉장하지 않습니까? 백만장자 중 80퍼센트 이상이 평범한 사람이었다니 말입니다! 이 통계는 내가 앞서 말한 사실을 그대로 증명해줍니다. 오늘날 백만장자가 되는 것은 선택의 문제일 뿐 우연히 이뤄지는 게 아니라는 사실 말입니다.

내가 《파이프라인 우화(The Parable of the Pipeline)》를 쓴 목적은 수 세기 동안 부자들이 돈을 벌고 재산을 축적하는 데 사용해온 성공 시스템을 여러분에게 가르쳐주는 데 있습니다. 한때 이 시스템은 소수의 특권층만 사용할 수 있었습니다. 100년 전에는 이 시스템을 알고 있어도 이를 실천하는 데 필요한 돈이나 인맥을 갖춘 사람이 많지 않앉기 때문입니다.

　오늘날에는 사정이 다릅니다. 이제는 혁신적인 기술 발달로 삶의 질을 비롯해 중산층의 임금이 향상되었습니다. 여기에다 내가 'e-배가(e-compounding, e-倍加)'라고 부르는 비즈니스 시스템을 통해 얼마든지 시간적, 경제적인 여유로움을 누릴 수 있습니다. 즉, 성인이면 누구나 자신의 상황에 맞춰 시간과 인맥을 적절히 활용함으로써 원하는 삶을 살 수 있습니다. 만약 여러분이 이 책에 나오는 시스템을 따라 한다면 여러분 역시 백만장자의 대열에 오를 수 있을 것입니다. 첫발을 내디딘 여러분을 환영합니다.

– 버크 헤지스 –

차 례 Contents

 1장 새는 알을 깨뜨려야 날 수 있다

 2장 역사상 가장 위대한 파이프라인의 힘

3장 신개념 파이프라인

파이프라인을
구축하라

나는 아직도 25년 전에 돌아가신 아버지와 함께 초저녁마다 체스를 두던 모습이 어제의 일처럼 생생하게 떠오릅니다. 당시 나는 저 멀리 태평양이 굽이치는 에콰도르 해변 인근의 주택 베란다에서 아버지를 도와 체스 판에 말을 정렬하곤 했습니다.

거센 물보라를 일으키며 모래사장을 휩쓸던 파도, 하이비스커스 꽃향기와 함께 실려 오던 비릿한 바다 냄새, 어둑해지는 수평선 너머로 아름다운 여운을 남기며 사라지던 노을 등 나는 지금도 그 멋진 풍경을 모두 기억하고 있습니다.

아버지와 나는 밤늦게까지 체스를 두기도 했는데 그때마다 아버지는 내게 여러 가지 삶의 조언을 해주었습니다.

"세상에 그 무엇도 당연히 주어져야 하는 것이라고 생각해서는 안 된다."

아버지는 멀리 수평선을 바라보며 이 말을 몇 번이나 반복했습니다.

'결코 있을 수 없는 일'은 없다

"세상에 그 무엇도 당연히 주어져야 하는 것이라고 생각해서는 안 된다."

아버지가 이 말을 반복한 이유는 쿠바에서 카스트로가 집권하던 1959년의 일을 잊지 못했기 때문입니다. 쿠바에서 혁명이 발발하기 전, 아버지는 손가락 안에 드는 재벌 중 한 분이었습니다. 언젠가 《타임》에 실린 기사에 따르면 아버지는 2,000만 달러(현재의 약 2억 달러)에 달하는 재력을 거머쥐고 있었습니다. 실제로 아버지는 목화 공장, 소매점, 섬유 공장, 화학 공장, 상업용 토지 등 열두 개 업종에서 활발하게 사업을 벌이고 있었습니다.

그런데 카스트로가 혁명에 성공하면서 정권이 하루아침에 바뀌자 부모님은 입고 있던 옷차림 그대로 쿠바를 탈출해 자메이카로 갔습니다. 아버지가 운영하던 여러 사업체와 은행에 남아 있던 돈은 모두 공산주의자들이 흔히 주장하는 것처럼 '인민에 대한 범죄'를 처단한다는 명목으로 고스란히 국가에 빼앗기고 말았습니다.

아버지에게 굳이 죄가 있다면 그것은 열심히 노력해서 사업에 성공하고 그 성공을 당연하게 여겼다는 것입니다. 아버지가 좀 더 영악하게 처신해 당시 재산 중의 일부를 국외로 빼돌렸다면 그토록 고통을 당하지는 않았을 것입니다. 아버지는 절대로 카스트로가 혁명에 성공할 수 없을 거라고 굳게 믿었습니다. 정부가 전복되는 일은 당연히 없을 거라고 단정했던 것입니다.

그 믿음은 완전히 빗나가고 말았습니다. 결국 아버지는 비싼 대가를 치러야만 했습니다.

파이프라인은 생명선!

내 아버지는 타고난 사업가 기질을 살려 다시 일어서기 위해 무척 애를 썼습니다. 하지만 안타깝게도 경기 침체와 지병인 심장병이 악화되면서 재기하는 것이 결코 쉽지 않았습니다. 임종이 다가왔음을 느끼던 순간에도 아버지는 절대 세상을 탓하거나 후회하지 않았습니다. 다만 주어진 삶이 끝날 때가 되었다는 사실에 아쉬움을 느꼈을 뿐입니다.

아버지는 나와 함께 체스를 두면서 아버지가 그때까지 어떻게 살아왔는지, 40대에 어떻게 상당한 재산을 모을 수 있었는지 들려주었습니다. 아버지는 내게 아버지 나름대로의 '삶의 원칙'을 알려주고 싶어 한 것입니다.

특히 아버지는 여러 번이나 왜 '자기사업'을 해야 하는지 강조하며 나를 일깨워주려 했습니다. 사실 자기 소유의 사업을 한다는 것은 곧 독립성과 통제력을 갖고 있음을 의미합니다. 나아가 아버지는 소유한 사업체가 많으면 많을수록 좋다고 했습니다.

아버지가 특별히 강조한 말은 이것입니다.

"파이프라인은 생명선이다!"

이 말을 마음 깊이 새기고 있던 나는 스물다섯 살의 나이에 첫 사업을 시작했습니다. 일찌감치 내 사업을 시작해서 그런지 지금은 아주 빠른 속도로 성장 중인 사업체를 몇 개나 소유하고 있습니다. 무엇보다 흥미로운 것은 내 사업체 중 하나인 에퀴보어(Equibore)는 말 그대로 파이프라인 사업이라는 사실입니다. 에퀴보어는 가스나 물이 지나가도록 지하에 파이프라인을 설치하는 일을 합니다. 요즘에는 그 파이프라인을 '통신업체의 파이프라인'이라고 할 수 있는 광케이블을 설치하는 데 사용하고 있습니다.

파이프라인은 많을수록 좋다

아버지는 늘 사업의 다각화를 강조했습니다. 어쩌면 그런 경영철학 때문에 열두 개 업종에 달하는 사업체를 운영했던 것인지도 모릅니다.

"파이프라인이 하나면 생명선도 하나뿐이다."

파이프라인이 생명선임을 강조하던 아버지는 몇 개의 파이프라인을 갖고 있어야 하느냐는 내 질문에 이렇게 대답했습니다.

"파이프라인은 많으면 많을수록 좋다."

몇 달 전 나는 《부자 아빠, 가난한 아빠(Rich Dad's Rich Kid, Smart Kid)》의 저자인 로버트 기요사키(Robert Kiyosaki)가 제작한 '부자 아빠가 가르쳐준 투자에 관한 모든 것'이라는 CD를 들었습니다.

그 CD에는 개울에서 물을 길어와 1마일(약 1.6킬로미터) 정도 떨어진 마을까지 운반하는 일을 하게 된 두 젊은이의 이야기가 나옵니다. 그중 한 젊은이는 물통을 준비해 그것을 등에 지고 마을까지 날랐습니다. 다른 한 젊은이는 개울에서 마을까지 파이프라인을 설치했습니다. 물론 초기에는 물통을 지는 것보다 파이프라인을 설치하는 것이 훨씬 더 힘들었지만, 장기적으로는 파이프라인을 설치한 젊은이가 결국 성공했습니다.

로버트 기요사키의 CD는 내 아버지가 가르쳐준 교훈을 되새기게 했습니다. 그날부터 나는 파이프라인과 생명선과의 관련성을 설명하고 또 장·단기 파이프라인을 통해 수입원을 다양화하는 일이 왜 중요한지 설명하는 책을 준비하기 시작했습니다. 그리고 3개월 후 '파이프라인 우화'라는 제목으로 써내려간 그 원고를 출판사에 넘겼습니다.

파이프라인을 구축하라

아버지의 조언을 충실히 되새긴 나는 수년간 사업성이 뛰어난 여러 개의 파이프라인을 구축했습니다. 그렇다고 내가 아버지처럼 열두 개 업종의 사업체를 거느리거나 2,000만 달러를 소유한 재력가가 되었다는 얘기는 아닙니다.

하지만 나는 지금도 아버지가 못다 이룬 꿈이자 내 꿈을 향해 열심히 노력하는 중입니다. 다행히 내 파이프라인은 노력한 만큼 철저하게 수익을 챙기도록 시스템화되어 있어서 현재는 물론 미래의 안정까지 보장해줍니다. 그 파이프라인은 내 시간적, 경제적 여유로움을 비롯해 평생 그 안정을 보장받도록 설계되어 있기 때문입니다.

말 그대로 그 파이프라인은 내 생명선입니다. 내 아버지는 평생 이룬 생명선을 독재자에게 빼앗겼고 이후 최선을 다했음에도 불구하고 다시 일어서는 데 실패했습니다.

그러나 여러분과 내가 내 아버지처럼 생명선을 빼앗길 일은 절대 없을 것입니다. 내 생명선을 빼앗을 수 있는 사람은 오직 나 자신뿐입니다. 마찬가지로 여러분의 생명선을 빼앗을 수 있는 사람도 여러분뿐입니다.

생명선을 빼앗는 일은 간단합니다. 생명선을 구축하기 위해 아무런 시도도 하지 않으면 여러분과 나는 스스로 생명선을 빼앗을 수 있습니다.

내 아버지의 체험에서 여러분도 무언가를 깨달아야 합니다. 내일이 당연히 오늘과 같을 것이라고 생각하지 마십시오. 절대로 그렇지 않습니다. 우리가 믿을 수 있는 것은 파이프라인이 안겨주는 안정뿐입니다. 파이프라인을 구축하지 않으면 미래의 안정을 보장받을 수 없습니다.

현재는 물론 미래의 안정까지 보장해줄 생명선을 원한다면 지금 당장 파이프라인을 구축해야 합니다.

재미있는
파이프라인 이야기

1801년 이탈리아 중부의 어느 작은 마을에 파블로와 브루노라는 두 젊은이가 살고 있었습니다. 꿈이 많던 두 젊은이는 굉장히 친했는데 이들은 만날 때마다 언젠가 마을에서 제일가는 부자가 되고 말겠다는 얘기를 하면서 시간 가는 줄 모르고 미래의 꿈을 키워갔습니다.

그러던 어느 날 그들에게 정말로 기회가 찾아왔습니다. 마을 사람들이 강에서 물을 길어다 광장에 있는 물탱크를 채울 사람을 구했던 것입니다. 파블로와 브루노는 그 일에 지원했고 결국 그 일을 맡게 되었습니다.

물통을 들고 강으로 간 두 젊은이는 하루 종일 열심히 물을 길어 물탱크를 가득 채웠습니다. 마을의 지도자는 물 한 통에 1페니씩 계산해 그들에게 하루치 품삯을 지불했습니다. 그것을 받은 브루노는 이렇게 말했습니다.

"와, 이런 행운이 찾아오다니 믿을 수가 없군. 이건 내가 꿈꿔오던 일이야."

하지만 파블로는 자신이 꿈꿔온 일은 이것이 아니라고 생각했습니다. 하루 종일 물통을 지고 나르느라 손에는 물집이 잡히고 온몸이 쑤셨기 때문입니다. 더구나 내일 아침부터 또다시 힘겹게 물통을 져야 한다는 생각을 하니 그 일이 끔찍하게 느껴졌습니다.

'물을 좀 더 쉽게 마을로 끌어올 방법을 찾아야겠어.'

이렇게 다짐한 파블로는 브루노와 헤어져 집으로 돌아왔습니다.

파블로의 아이디어

다음 날 아침 두 사람은 물통을 지고 강으로 향했습니다. 그때 파블로가 불쑥 말했습니다.

"브루노, 내게 좋은 생각이 있어."

"좋은 생각이라고?"

"하루 종일 힘들게 물통을 나른 뒤에 몇 페니를 받느니 차라리 강에서부터 마을까지 파이프라인을 설치하자."

그 말을 들은 브루노는 가던 걸음을 멈추고 의아한 표정으로 말했습니다.

"파이프라인이라고? 대체 무슨 소리야!"

"음, 그건 말이야…."

"그만둬. 물통을 나르는 일은 정말 좋은 일거리야. 나는 하루에 100통은 나를 수 있다고. 그러면 하루에 1달러를 버는 거잖아. 나는 부자가 될 수 있어. 일주일이면 멋진 신발을 사고 한 달이면 튼튼한 당나귀를 한 마리 살 수 있어. 여섯 달이면 아담한 집도 장만할 수 있다고. 이건 우리 마을에서 가장 좋은 일자리야. 더구나 주말에는 쉬고 일 년에 2주일이나 유급휴가를 갈 수도 있잖아. 이보다 더 좋은 일자리가 어디 있어. 파이프라인 얘기는 두 번 다시 꺼내지 마."

파블로는 이런 타박에도 아랑곳하지 않고 끈기 있게 파이프라인 계획을 들려주었습니다. 그것은 하루에 몇 시간만 물통으로 물을 나르고 나머지 시간과 주말에는 파이프라인을 설치하겠다는 것이었습니다. 물론 파블로도 강에서부터 마을로 이어지는 바위투성이 땅을 파고 파이프라인을 설치하는 일이 어려울 거라는 것쯤은 예상하고 있었습니다. 물통을 나른 숫자만큼만 품삯을 받으므로 일을 덜하면 수입이 줄어들 것이라는 사실도 알고 있었습니다.

더구나 파이프라인을 설치해 큰 수입을 얻기까지 1~2년, 아니면 더 많은 시간이 걸릴지도 모르는 일이었습니다. 그러나 파블로는 자기 자신을 믿었고 누가 뭐라고 하든 꿈을 향해 파이프라인을 설치하기 시작했습니다.

진행 중인 파이프라인 설치 작업

마을 사람들은 물론 친한 친구인 브루노마저 파블로를 '파이프라인 맨'이라며 놀려댔습니다. 여기에다 오전에만 물통을 나르는 파블로에 비해 하루 종일 물통을 날라 수입이 두 배였던 브루노는 만날 때마다 새로 구입한 것을 자랑했습니다. 브루노는 열심히 물통을 날라 아담한 2층짜리 집도 장만했고 튼튼한 당나귀도 구입했습니다. 또한 그는 옷을 멋지게 차려입었고 식당에서 값비싼 음식을 사 먹기도 했습니다.

그러자 마을 사람들은 그를 '브루노'가 아닌 '브루노 씨'라고 불렀고 그가 술집에서 모든 손님에게 술을 한 잔씩 돌리면 모두들 환호성을 올리며 별것 아닌 그의 농담에 크게 웃어주었습니다.

작은 성공은 큰 성공의 토대다

브루노가 그처럼 한가롭게 술집에서 저녁 시간을 보내고 주말을 즐기는 동안, 파블로는 파이프라인을 설치하기 위해 애쓰고 있었습니다. 하지만 바위투성이인 땅을 쪼고 깨느라 처음 몇 달 동안은 전혀 진척이 없어 보였습니다.

그 일은 몹시 힘이 들었습니다. 오전에는 물통을 지고 나머지 한나절과 남들이 한가하게 노는 저녁 시간, 주말까지 일을 한 파블로는 하루 종일 물통을 나르는 브루노보다 몇 배 더 고된 하루하루를 보냈습니다. 그래도 파블로는 반드시 꿈을 이루겠다는 각오를 다지며 열심히 땅을 팠습니다.

"비록 더디긴 해도 나는 꼭 성공할 거야!"

바위를 쪼고 땅을 파헤치며 그는 더욱더 다부지게 마음을 먹었습니다. 미래의 꿈은 오늘의 희생을 바탕으로 이뤄진다는 것을 알고 있었기 때문입니다. 날이 갈수록 1센티미터는 1미터로 늘어났고 다시 10미터, 20미터, 100미터가 되었습니다.

"오늘의 고통은 미래의 성공을 보장한다!"

하루의 고된 일과를 마치면 파블로는 초라한 오두막집에 들어서며 스스로를 격려했습니다. 그는 일단 파이프라인을 설치하면 그가 얻을 보상이 현재의 힘든 노력을 훨씬 능가하리라고 확신하고 있었습니다. 그는 늘 정해둔 하루의 목표량을 달성하기 위해 노력했고 작은 성공을 이룰 때마다 자신을 격려했습니다.

"미래의 비전을 보고 나아가자!"

마을의 술집에서 흘러나오는 왁자지껄한 웃음소리를 들을 때마다 그는 자신을 추스르며 결심했습니다.

"미래의 비전을 보고 나아가자!"

완성된 파이프라인 '땀의 대가'

비전의 파워

몇 개월 후 파블로는 파이프라인을 절반 정도 완성했습니다. 이는 곧 물통을 나르는 거리가 절반으로 줄어들었다는 것을 의미합니다. 이동거리가 줄어들면서 시간적 여유가 생기자 파블로는 더 열심히 파이프라인을 설치했습니다.

꿈을 실현할 날이 점점 다가오고 있었습니다. 파이프라인을 설치하는 동안 파블로는 간혹 무거운 물통을 나르는 브루노를 바라보았습니다. 힘겹게 물통을 오랫동안 나르다 보니 브루노의 어깨는 축 처졌고 등은 굽었으며 걸음걸이는 갈수록 느려졌습니다. 더구나 브루노는 평생 힘겨운 물통을 날라야 하는 자신의 처지를 한탄하며 분노와 불만을 터트렸습니다.

그는 술을 마시며 자기 신세를 한탄했고 집에서 지내는 시간보다 오히려 술집에 있는 시간이 더 많았습니다. 그러자 마을 사람들은 점점 그가 술집에 들어설 때마다 "물통지기 왔나?"라며 빈정대기 시작했습니다. 심지어 술에 취한 마을 사람들은 브루노의 구부정한 모습과 느릿느릿 걷는 걸음걸이를 흉내 내며 그를 놀려댔습니다.

어느덧 브루노는 술집에서도 예전의 쾌활함을 잃어버렸고 늘 어두운 구석에 혼자 앉아 술을 마셨습니다. 다른 사람에게 술을 사주거나 가벼운 농담을 주고받는 일도 없었습니다.

한편 파블로는 드디어 학수고대하던 날을 맞이했습니다. 파이프라인을 완공한 것입니다. 마을 사람들은 파이프라인을 통해 물이 물탱크로 흘러드는 것을 보기 위해 앞 다퉈 몰려들었습니다. 파이프라인을 타고 마을에 물이 넉넉히 들어오자 이웃사람들도 그 마을로 속속 이사를 왔고 마을은 갈수록 번창했습니다.

파이프라인을 완성한 파블로는 더 이상 물통을 나를 필요가 없었습니다. 그가 힘들게 물통을 나르지 않아도 깨끗한 물이 계속 물탱크 속으로 흘러들어갔기 때문입니다. 그가 밥을 먹거나 잠을 자는 동안에도, 즐겁게 노는 시간에도 물은 계속해서 흘렀습니다. 더구나 흘러들어가는 물이 늘어날수록 파블로는 점점 더 많은 돈을 벌었습니다.

이제 파블로는 그 마을에서 '기적을 일으킨 사람'으로 불렸습니다. 정치인들은 그의 강인함과 확신, 미래에 대한 비전을 높이 평가하며 시장 선거에 출마하라고 강하게 제안했습니다. 하지만 파블로는 자신이 이룬 성과가 결코 기적이 아님을 알고 있었습니다. 그가 보기에 그것은 그의 거대한 꿈을 향한 기초 단계에 지나지 않았습니다. 파블로는 이미 그 마을뿐 아니라 다른 마을에도 파이프라인을 설치할 계획을 세우고 있었습니다. 나아가 전 세계를 관통하는 파이프라인을 구축하려는 원대한 계획까지 세웠습니다!

이것은 단지 시작일 뿐이야

　파이프라인 설치로 힘들게 물통을 나르지 않아도 물이 콸콸 쏟아지자 브루노는 일자리를 잃었고 먹고사는 일을 걱정하게 되었습니다. 술집에서 사람들에게 공짜 술을 구걸하는 브루노를 본 파블로는 마음이 아팠습니다. 어느 날 파블로는 브루노를 찾아갔습니다.

　"브루노, 너에게 부탁할 일이 있어."

　고된 노동으로 등이 굽은 브루노는 궁핍한 기색이 역력한 얼굴을 찡그리며 쏘아붙였습니다.

　"나를 놀리려고 찾아온 건가?"

　"그게 아니야. 또 내 판단이 옳았다는 것을 자랑하러 온 것도 아니야."

　파블로는 진지한 표정으로 브루노의 눈을 바라보며 말을 이었습니다.

　"너에게 엄청난 사업기회를 알려주기 위해 찾아온 거야. 생각해봐. 내가 마을에 파이프라인을 설치하기까지 2년 정도가 걸렸어. 그동안 나는 눈물겹도록 힘들었지만 덕분에 많은 것을 배웠어. 어떤 장비를 써야 하는지, 어디를 파야 하는지, 파이프라인은 어떻게 설치해야 하는지 배웠다고. 그리고 그 모든 지식을 바탕으로 이제 여러 개의 파이프라인을 설치하는 시스템을 개발했어."

"그래서?"

"그 시스템을 따라 하면 혼자서도 일 년에 파이프라인 한 개를 완성할 수 있어. 그렇지만 혼자 일 년을 투자하는 것은 시간적으로나 경제적으로 그리 바람직하지 않아. 그래서 나는 너와 마을 사람들에게 파이프라인 설치법을 알려주고 그다음에는 너와 마을 사람들이 또 다른 사람들에게 그 기술을 가르치게 할 생각이야. 그러면 우리 마을뿐 아니라 이웃마을, 우리나라, 더 나아가 전 세계의 모든 마을에 파이프라인을 설치할 수 있을 거라고."

"……."

"잘 생각해봐. 파이프라인으로 물이 흐르면 리터당 일정 비율을 우리 몫으로 챙길 수 있어. 파이프라인에 흐르는 물이 늘어날수록 우리 몫도 늘어나지. 우리는 계속 파이프라인을 설치하기만 하면 돼. 지금 내가 만든 파이프라인으로는 내 꿈을 실현했다고 볼 수 없어. 이제 시작일 뿐이지."

파블로의 말에 미래의 커다란 청사진을 본 브루노는 미소를 지으며 굳은살이 박힌 거친 손을 파블로에게 내밀었습니다. 악수를 한 그들은 오랫동안 헤어졌다가 다시 만난 친구들처럼 강하게 포옹을 했습니다.

오랜 습관을 버리지 못하는 사람들

그 후 몇 년이 흘러갔습니다. 파블로와 브루노는 이미 은퇴했지만 전 세계로 확장된 그들의 파이프라인에서 연간 수백만 달러의 매출이 발생해 그들은 풍요로운 삶을 누립니다. 그리고 그 수입은 늘어나기만 할뿐 조금도 줄어드는 법이 없습니다.

전 세계로 여행을 다니는 파블로와 브루노는 가끔 물통을 나르는 젊은이를 만납니다. 그러면 그들은 가던 길을 멈추고 고되게 물을 나르지 않아도 파이프라인만 설치하면 시간적, 경제적으로 여유롭게 살 수 있음을 알려주고 자신들이 도와주겠다고 제안합니다.

그때 어떤 사람은 갑자기 찾아온 행운에 뛸 듯이 기뻐하며 그 제안을 즉각 받아들입니다. 그런데 불행히도 대다수는 파이프라인이 무엇인지, 어떻게 설치하는지 등의 기본 개념도 들어보지 않은 채 오랜 습관에 얽매여 이런저런 핑계를 댑니다.

"그런 일을 할 만한 시간이 없어요."

"내가 잘 아는 사람이 파이프라인을 설치하다가 실패했어요."

"그 작업을 일찍 시작한 사람만 돈을 번다면서요?"

"그냥 지금까지 살던 방식대로 살래요."

"파이프라인을 설치하라는 속임수에 걸려들어 돈을 날린 사람을 알고 있어요."

파블로와 브루노는 많은 사람이 기존의 습관에 얽매이거나 편견, 오해로 인해 미래의 비전을 제대로 알아보지 못하는 현실에 가슴이 아팠습니다. 많은 사람이 물통을 나르며 사는 것을 당연시하는 세상에서 파이프라인의 꿈을 이루는 것은 쉽지 않은 일입니다. 어쩌면 그래서 그 꿈을 이루는 사람이 극소수에 불과한 것인지도 모릅니다.

하지만 파블로와 브루노는 앞으로 점점 더 많은 사람이 파이프라인의 혜택에 눈을 떠 미래의 비전을 함께 볼 거라고 확신하고 있습니다.

THE

PARABLE

OF THE

PIPELINE

CHAPTER 01

새는 알을 깨뜨려야
날 수 있다

물통을 원하는가, 아니면 파이프라인을 원하는가?

여러분은 물통을 나르고 싶습니까, 아니면 파이프라인을 설치하고 싶습니까? 여러분은 지금 어떤 상황에 놓여 있습니까? 브루노처럼 매일 아침부터 저녁까지 물통을 날라야 돈이 들어오는 직장생활을 하고 있습니까, 아니면 파블로처럼 일정 기간 열심히 일해 파이프라인을 설치하고 평생 들어오는 인세수입을 벌고 있습니까?

어쩌면 여러분은 물통을 나르며 살고 있을지도 모릅니다. 그런 상황을 나는 '시간과 돈을 맞교환하는 삶'이라고 부릅니다. 이 경우 시간을 들인 만큼만 돈을 법니다. 그런데 여기에는 엄청난 함정이 도사리고 있습니다.

사람들은 흔히 한 시간을 일하면 한 시간에 해당하는 돈을 벌고, 한 달을 일하면 한 달에 해당하는 돈을 벌며, 일 년을 일하면 일 년에 해당하는 돈을 버는 개념을 조금도 이상하게 여기지 않습니다. 여러분 역시 그럴 수 있습니다.

이 개념은 곧 물통을 나르지 않으면 돈을 벌지 못한다는 얘기와 같습니다. 더 안타까운 사실은 원할 때까지 그 물통을 나를 수 있는 게 아니라는 점입니다. 즉, '안정된 직장'은 그저 환상에 지나지 않습니다. 물통을 나르는 사람은 주변 상황이 약간만 변해도 곧바로 불안정한 상황에 놓입니다. 다시 말해 물통을 나른 대가로 받는 돈은 평생 받을 수 있는 인세수입이나 영구적인 수입이 아니라 일시적인 것에 불과합니다.

 **= 시간과 돈을 맞교환하는 함정**

예를 들어 어느 날 아침 브루노가 허리가 너무 아파 일어나지 못했다고 해봅시다. 그러면 그날 브루노는 한 푼도 벌지 못합니다. 시간과 돈을 맞교환하는 일을 할 때, 일을 하지 않으면 돈을 한 푼도 벌 수 없습니다! 이것은 어떤 물통을 나르든 마찬가지입니다. 물통을 나르는 사람이 일 년에 활용할 수 있는 병가와 휴가 일수를 모두 쓰고 나면 쉬지 않고 물통을 나르지 않는 이상 돈을 벌 수 없다는 말입니다.

물통을 나르지 않으면 수입은 없다

치과의사의 물통은 다를까?

내가 이를 치료할 때마다 찾아가는 치과의사는 진정한 프로입니다. 그녀는 환자의 육체는 물론 마음까지 편안하게 해줄 줄 아는 의사입니다. 인간적으로 존경을 받는 그녀는 환자들이 거의 통증을 느끼지 않도록 배려하는 뛰어난 기술자이기도 합니다.

그녀는 자기 일을 매우 좋아했지만 가족과 함께 보내는 시간을 더 늘리기 위해 일주일에 사흘만 일했습니다. 그렇게 좋아하는 일을 일주일에 사흘만 하고도 그녀는 연수입 10만 달러를 벌었습니다. 그러나 이것 역시 그저 물통을 나르는 일에 불과합니다. 이는 그녀의 현실이 잘 보여줍니다.

30대 후반인 그녀는 어느 날 손에 관절염이 생기면서 더는 일할 수 없게 되었습니다. 가슴 아픈 일이지만 그녀는 현재 기존에 벌어들이던 수입의 3분의 1에 해당하는 돈을 받으며 가까운 대학에서 강의를 하고 있습니다. 물론 그녀가 특별히 잘못한 일은 없지만 많은 사람이 선망하던 그녀의 '꿈의 물통'은 사라지고 말았습니다.

이제 물통을 나르는 일에서 '안정'을 기대할 수 없는 이유를 알겠습니까? 물통을 나르는 삶은 이처럼 불안정합니다. 여러분이 일할 수 없게 되면 수입은 사라집니다. 이것이 바로 시간과 돈을 맞교환하는 일의 함정입니다. 이 함정에 걸려든 사람에게 가장 큰 문제는 피치 못할 사정으로 일을 그만두면 수입이 한 푼도 생기지 않는다는 점입니다.

파블로는 이 사실을 일찌감치 간파한 것입니다. 그는 물통 나르는 일의 한계를 깨닫고 시간을 더 많이 투자하든 아니든 계속 수입을 올릴 수 있는 시스템을 개발했습니다.

물통을 나르는 일로는 삶의 안정을 보장받을 수 없습니다. 그것은 현재는 물론 미래에도 마찬가지입니다. 현명한 파블로는 파이프라인이야말로 생명선임을 알고 있었던 것입니다.

지금 당장 수입이 딱 끊긴다면?

만약 내일 당장 여러분의 수입이 사라진다면?

만약 내일 당장 여러분이 직장에서 쫓겨난다면?

만약 내일 당장 여러분이 병에 걸린다면?

만약 내일 당장 여러분이 불의의 사고로 장애를 겪는다면?

저축해둔 돈을 병원비로 몽땅 쓴다면 어떻게 될까요?

비상시를 대비한 돈을 어느 날 갑자기 모두 잃어버리면 어떻게 될까요?

어느 날 갑자기 수입이 끊긴다면 얼마나 버틸 수 있을까요? 수입 없이 자동차 할부금과 주택 대출금을 몇 달이나 낼 수 있을까요?

수입이 끊기면 아이들의 교육비는 어떻게 될까요?

여러분은 수입 없이 6개월을 버틸 수 있습니까? 아니면 3개월쯤인가요? 그것도 아니면 3주일 정도?

만약의 사태에 대비해 여러분 자신과 가족을 보호하기 위한 비상수단, 즉 생명선을 확보해두었습니까? 혹시 여러분이 언제까지나 물통을 나를 수 있을 거라고 확신하고 있습니까? 이런 확신은 어디까지나 도박에 지나지 않습니다. 현실을 직시하십시오. 여러분 주위를 둘러보십시오.

여러분의 비상금

6개월?

3개월?

3주?

　온갖 직종에 종사하는 많은 사람이 누구 할 것 없이 시간과 돈을 맞교환하고 있습니다. 청소부, 사무직 종사자, 전문직 종사자 등 누구든 시간을 투자하지 않으면 한 푼도 벌 수 없는 것입니다. 이런 삶을 통해 안정을 보장받을 수는 없습니다.

인세수입의 힘

　그렇다고 그리 낙담할 필요는 없습니다. 파블로가 찾았듯 '더 나은 방법'이 있으니까요. 이것은 단순히 이야기 속에만 존재하는 것이 아니라 현실입니다.

　여러분도 파이프라인을 설치하면 파블로처럼 지속적인 인세수입을 얻을 수 있습니다. 이것은 여러분이 시간을 투자하든 아니든 지속적으로 들어오는 수입입니다. 파블로의 시스템을 따르십시오. 그러면 여러분은 진정 안정된 삶을 보장받을 수 있을 것입니다.

여러분이 아직 물통을 나를 수 있을 때 파이프라인을 설치하십시오. 파이프라인은 여러분의 생명선입니다. 그것은 '시간과 돈을 맞바꾸는' 함정에서 벗어나게 해줄 것입니다. 물론 처음에는 파블로가 그랬던 것처럼 아무리 힘들어도 열심히 파이프라인을 설치해야 합니다. 일단 파이프라인을 설치하고 나면 그것이 여러분에게 영구적인 수입을 안겨줄 것입니다. 노동은 일시적이고 수입은 평생 보장되는 것입니다.

파이프라인을 설치하면 그것은 일 년 내내 쉬지 않고 움직입니다. 여러분이 잠을 자거나 밥을 먹는 동안에도 혹은 삶을 즐기는 순간에도 파이프라인은 지속적으로 활동합니다. 가령 은퇴를 해도, 병이 들어도, 불의의 사고로 장애를 겪느라 일하지 못해도, 긴급한 사태가 발생했을 때도, 파이프라인은 계속해서 여러분의 수입원으로 남아 있습니다.

이것이 바로 인세수입의 힘입니다. 파이프라인을 생명선이라고 부르는 이유가 여기에 있습니다.

파이프라인 = 생명선

물통을 나르는 것을
왜 당연시하는가?

어느 의사가 아침에 병원으로 향하면서 네 살짜리 아이를 놀이방에 데려다주기 위해 운전을 하며 도로를 달리고 있었습니다. 한동안 창밖의 익숙한 풍경을 바라보던 아이는 싫증이 났는지 옆에 놓여 있던 청진기를 들고 장난을 치기 시작했습니다.

'음, 저 녀석도 장차 의사가 되겠군.'

이렇게 생각한 의사는 흐뭇한 미소를 지었습니다. 그는 아이가 자랑스러워 콧노래를 흥얼거리고 싶은 심정이었습니다. 그런데 아이가 청진기를 목에 두르더니 센서 부분을 마이크처럼 입에 대고는 이렇게 말하는 것이 아닙니까.

"어서 오세요. 맥도날드입니다. 무엇을 원하십니까?"

이 이야기는 우리가 왜 그토록 물통을 나르는 일에 얽매이는지 잘 보여줍니다. 모방은 본능에 가깝습니다. 맥도날드에 자주 간 아이는 청진기를 본 순간 그것을 머리에 착용하는 마이크로 알고 맥도날드 직원을 흉내 낸 것입니다.

이 아이처럼 대다수가 물통을 나르는 것을 파이프라인을 설치하는 일로 착각합니다. 그래서 전 세계 인구의 99퍼센트가 오늘도 열심히 물통을 나르고 있습니다. 그들은 인생에서 원하는 것을 얻는 유일한 방법은 열심히 물통을 나르는 것밖에 없다고 생각합니다.

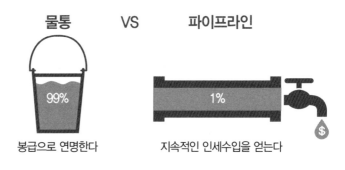

물통　　VS　　**파이프라인**

99%　　　　　　　　1%

봉급으로 연명한다　　　　지속적인 인세수입을 얻는다

　브루노도 파이프라인의 위력을 깨닫기 전까지는 왜 물통을 나르는 것이 당연한 일이 아닌지 알지 못했습니다. 그가 그것을 깨닫기까지는 오랜 시간이 걸렸지요. 이전에는 파블로가 만든 파이프라인을 본 적이 없기 때문입니다. 브루노는 단지 파이프라인을 설치하는 시스템이 그동안 자신이 보아온 삶의 방식과 다르다는 이유로 그것을 받아들이지 않은 것입니다.

　브루노에게 파이프라인은 어디에서도 성공이 검증되지 않은 시스템으로 보였습니다. 또한 그에게 파이프라인은 너무 파격적이고 위험한 길이었습니다. 브루노만 이렇게 생각하는 것은 아닙니다. 대다수가 그런 생각을 합니다.

우리 주위에는 물통을 나르는 것이 현재와 미래를 보장해주지 않는다는 걸 알면서도 거기에서 벗어나지 못하는 사람이 아주 많습니다. 그렇게 불안정과 미래에 대한 불안에 시달리면서도 그들은 그것이 세상을 살아가는 유일한 방법이라고 생각합니다.

최근에 본 어느 자동차의 범퍼 스티커가 생각납니다.

'10만 마리의 쥐가 모두 틀릴 리는 없지.'

이것은 많은 사람이 가는 길에는 실수가 없다는 사고방식입니다. 사람들은 물통을 나르는 일에서도 이런 생각을 합니다. 다시 말해 '1억 명이 물통을 나른다면 그것은 틀린 게 아니다' 라고 생각하는 것입니다. 그러나 그들이 틀렸을 수도 있습니다!

나그네쥐 사고방식
대다수가 가는 길이 옳다는 사고방식

보잘것없는 대가

현실을 돌아보십시오. 사실 세상에는 파이프라인을 설치하는 사람보다 물통을 나르는 사람이 훨씬 더 많습니다. 그 이유는 과연 무엇일까요?

우리의 부모세대는 대부분 열심히 물통을 날라 가족의 생계를 이어왔습니다. 우리는 어릴 때부터 성장할 때까지 죽 그런 모습을 보아왔고 부모님에게 그 길을 따르라는 가르침을 받았습니다. 즉, 우리는 열심히 물통을 나르면 성공은 저절로 따라온다고 배웠습니다. 심지어 그렇게 해야 남보다 앞서갈 수 있다는 가르침을 받았습니다.

우리는 학교에 가서도 열심히 물통을 나르는 법을 배웁니다. 열심히 공부해서 좋은 직장에 들어가야 성공할 수 있다는 편견에 가까운 가르침을 받는 것입니다. 물론 그렇게 졸업장을 얻으면 다른 사람보다 더 큰 물통을 나를 수 있을지도 모릅니다.

일단 직장에 들어가 하루 종일 쉬지 않고 물통을 나릅니다. 그리고 그 일에 어느 정도 익숙해지면 더 큰 물통을 나를 수 있는 직장을 찾아갑니다. 더 많은 물통을 나르기 위해 더 오랫동안 일하기도 합니다. 시간이 지날수록 사용하는 물통의 종류는 변합니다. 처음에는 쇠 물통을 나르다가 어느 정도 일에 익숙해지면 플라스틱 물통으로 바뀝니다. 좀 더 시간이 흐르면 플라스틱 물통은 디지털 물통으로 바뀝니다.

그렇게 평생 물통을 나르다가 은퇴해서 편안한 노후를 보내는 상상을 합니다. 편히 쉴 날이 올 때까지 열심히 물통을 날라야 한다는 사실을 당연하게 받아들이지요. 그처럼 평생을 바쳐 물통을 나르는 사람들이 얻는 대가는 무엇일까요?

그것은 놀라울 정도로 보잘것없는 수준입니다. 《퍼레이드(parade)》지가 매년 실시하는 소득 조사 자료에 따르면 미국의 근로자는 평균 연간 2만 8,500달러를 번다고 합니다. 이 중에서 20퍼센트는 세금으로 나가므로 순수익은 2만 2,500달러인 셈입니다.

현실적으로 그 정도 돈으로는 4인 가족이 기본적인 생활을 하기에도 빠듯합니다. 많은 사람이 적자 인생을 살아가는 이유가 여기에 있습니다. 현실이 이러니 많은 사람이 추가 수입을 절실히 원하는 것은 당연한 일이지요.

물통을 나르는 사람의 평균 임금

= 2만 8,500달러

만약 물통을 더 많이 나른다면?

간절히 추가 수입을 원하는 사람은 대개 무언가 돌파구를 찾기 위해 애씁니다. 물통을 나르는 사람이 더 많은 돈이 필요할 때는 어떻게 할까요? 오로지 열심히 물통을 나르는 것 외에 다른 길이 없다고 생각하는 사람은 그 생각 안에서만 해법을 찾습니다. 다시 말해 돈이 더 필요하면 더 많은 물통을 나르면 된다고 여깁니다.

물통을 나르는 어느 아버지가 말합니다.

"퇴근 후나 주말에 물통을 나르는 일을 찾아봐야겠어."

역시 예전에 물통을 나르던 어머니도 말합니다.

"애들이 컸으니 이제 전에 하던 물통 나르기를 다시 시작해야지."

더 시간이 지나면 그들은 이렇게 말합니다.

"아이들도 방학 동안 물통을 나르는 게 좋겠어."

그렇게 추가 수입을 얻기 위해 모두들 물통을 나릅니다. 그 결과는 어떠할까요?

미국인의 삶을 한번 살펴봅시다. 그들은 전 세계에서 가장 오랜 시간을 일합니다. 심지어 일벌레로 알려진 일본인보다 더 오랫동안 일합니다. '물통을 더 많이 나르면 더 많은 돈을 벌 수 있다'는 생각으로 노력하는 그들은 그만큼 대가를 얻고 있습니까?

절대로 그렇지 않습니다. 현실은 결코 그렇지 못합니다.

미국인의 현실을 생각해보십시오.

> ▶ 미국인의 신용카드 부채는 사상 최고이며 가구당 부채는 지난 17년 동안 네 배나 늘어났습니다. 이는 일반적인 가정의 가처분소득 1달러당 95퍼센트가 부채인 셈입니다.
> ▶ 추가 수입이 필요해 일을 선택한 여성의 비율이 1980년 18퍼센트에서 오늘날 46퍼센트로 증가했습니다. 이것은 최근 20년 동안 두 배 이상 증가한 수치입니다.
> ▶ 월말청구서 대금을 납부하기 위해 많은 사람이 그들의 재산목록 1호인 집을 담보로 대출을 받고 있습니다.
> ▶ 지난 몇 년간 경기가 호황을 누렸음에도 불구하고 개인 파산은 매년 지속적으로 증가해 2000년에는 140만 명을 기록했습니다.

왜 이런 일이 벌어지는 것일까요? 도대체 무엇이 어디서부터 어떻게 잘못된 것일까요?

더 큰 물통을 나르는 것은 어떨까?

사람들은 보통 물통이 현재보다 더 크면 수입도 그만큼 늘어날 것이라고 생각합니다. 그들은 운이 좋아 더 큰 물통을 나를 수 있으면 모든 일이 순조로울 거라고 확신합니다.

다른 한편으로 사람들은 다른 사람이 어떤 물통을 나르고 있고 또 얼마나 많이 버는지 알고 싶어 합니다. 그 궁금증을 해소해주기 위해 미국 노동통계청은 수백 종의 직업에 대한 시간당 임금을 조사해 사람들에게 알려줍니다. 여러분이 열심히 물통을 나른 대가로 받는 시간당 수입을 다른 직종과 비교해보십시오.

시간당 임금

출처 : 미국 노동통계청

직 종	시간당 수입(달러)
패스트푸드점 아르바이트	6.29
주유소 직원	7.34
경비원	8.44
소매점 판매원	9.12
비서	11.86
주택수리 기술자	13.63
자동차 정비직원	13.96
트럭운전수	14.08
소방대원	15.63
우편배달원	16.39
은행원	20.05

컴퓨터 프로그래머	25.67
화학 엔지니어	29.44
물리학자	33.23
변호사	36.49
치과의사	44.40
내·외과 의사	49.05

가령 사람들이 일주일에 40시간을 일하고(실제로는 50시간이나 그 이상을 일한다) 매년 2주일간 유급 휴가를 받는다고 해봅시다. 이 경우 위의 직종 가운데 다섯 개 직종의 연간 소득을 집계하면 다음과 같습니다.

5개 직종의 연간소득

패스트푸드점 아르바이트	13,083
소매점 판매원	18,970
우편배달원	34,091
변호사	75,899
내·외과 의사	102,024

패스트푸드점의 계약직 직원이나 판매사원, 집배원은 변호사혹은 의사의 연간 소득을 보고 '매년 저 정도 돈을 번다면 얼마나 좋을까! 저런 사람들은 돈 때문에 걱정할 일은 없을 거야'라고 생각할지도 모릅니다.

물통을 나르는 사람들의 연간 소득

2만 8,000달러
보통 사람

7만 6,000달러
변호사

10만 2,000달러
의사

사실 내과의사의 물통은 패스트푸드점 계약직 직원의 물통보다 10배 정도 더 큽니다. 그렇다고 의사들이 돈 걱정을 하지 않는 것은 아닙니다. 의사든 계약직 직원이든 집배원이든 돈에 얽매일 수밖에 없는 처지는 똑같습니다.

그 이유는 무엇일까요?

일반적으로 전문직 종사자는 일반 근로자에 비해 돈을 많이 법니다. 하지만 그만큼 씀씀이가 무시하지 못할 정도로 큽니다. 억대 소득을 올리는 의사나 변호사가 그들의 호화로운 생활수준을 감당하려면 번 돈의 대부분을 소비해야 합니다.

이는 일반 근로자와 전문직 종사자의 지출 구조를 살펴보면 단박에 알 수 있습니다.

일반 근로자는 보통 5,000달러짜리 중고차를 구입하지만, 의사나 변호사는 4만 5,000달러 상당의 렉서스 정도는 몰려고 합니다. 일반 근로자는 아이들의 학비를 면제해주는 공립학교에 보내지만, 의사나 변호사는 학비가 많이 드는 사립학교에 보냅니다. 일반 근로자는 7만 5,000달러짜리 집에서 살지만, 의사나 변호사는 35만 달러나 되는 집에서 삽니다. 일반 근로자는 일주일에 한 번 가족과 함께 조촐하게 외식을 하지만, 의사나 변호사는 일주일에 두 번 이상 호화로운 식당에서 값비싼 음식을 먹습니다. 일반 근로자는 비용 걱정 때문에 마음 놓고 휴가를 가지도 못하지만, 의사나 변호사는 매년 온 가족과 함께 스키 여행을 떠납니다. 일반 근로자는 대중 골프장에서 골프를 치지만, 의사나 변호사는 비싼 골프클럽 회원권을 한두 개쯤 가지고 있습니다.

이제 살아가는 모습이 눈에 훤히 보입니까?

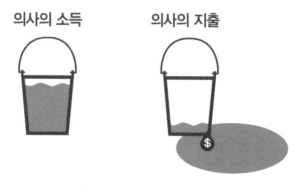

사람들은 보통 의사나 변호사, 회계사 같은 전문직 종사자가 더 큰 물통을 나른다는 이유로 그들을 몹시 부러워합니다. 물론

의사의 물통은 패스트푸드점의 계약직 직원보다 10배는 더 큽니다. 그러나 의사의 지출도 계약직 직원에 비해 10배 더 크기 때문에 둘 다 버는 족족 소비하기 바쁘다는 점에서 별다른 차이가 없습니다.

물통이 아무리 커도 결국엔 마른다

《이웃집 백만장자》를 쓴 토머스 스탠리와 윌리엄 댄코(William Danko)는 큰 물통을 나르는 것이 곧 부자가 되는 길을 의미하지는 않는다고 말합니다. 그들은 부자가 어떻게 살고 있는지 조사하는 과정에서 그 사실을 깨달았다고 합니다. 즉, 그들은 비싼 자동차를 몰고 호화주택에서 사는 사람들을 조사하면서 새로운 사실을 발견한 것입니다.

"이런, 말도 안 돼!"

그들의 눈에 비친 부자들의 모습은 예상과 전혀 달랐습니다. 결국 스탠리와 댄코는 '부(富)'에 대해 다음과 같은 결론에 도달했습니다.

"돈을 많이 번다고 해서 모두 부자는 아니다. '부'라는 것은 소득과는 별개의 문제다. 매년 많은 돈을 벌지라도 그것을 그대로 써버리면 부자라고 할 수 없다. 그것은 단지 호화로운 생활을 누리는 것뿐이라고 말하는 것이 옳다. '부'란 쌓는다는 의미지 소비한다는 의미가 아니다.

사람들은 '어떻게 하면 부자가 되는가'라는 것에 대해 잘못된 생각을 하고 있다. 사람들이 흔히 생각하는 것처럼 행운, 유산, 학력이 부자가 되게 해주는 경우는 극히 드물다. 머리가 좋다고 해서 부자가 될 수 있는 것도 아니다. '부'란 근면, 인내, 계획 그리고 무엇보다 자기 자신을 통제할 줄 아는 라이프스타일의 결과물이다."

다시 말해 물통이 아무리 커도 자기관리를 제대로 하지 못하면 결국 물통은 말라버리고 맙니다.

모든 물통은 결국 마르기 마련이다

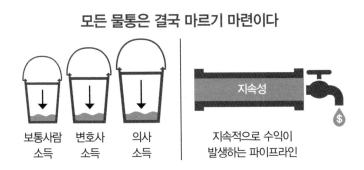

| 보통사람 | 변호사 | 의사 | 지속적으로 수익이 |
| 소득 | 소득 | 소득 | 발생하는 파이프라인 |

반면 파이프라인에서 흐르는 물줄기는 결코 마르지 않습니다. 왜냐하면 계속해서 저절로 채워지기 때문입니다. 그렇지만

일단 파이프라인을 설치하려면 인내와 끈기, 미래에 대한 비전이 있어야 합니다. 즉, 파이프라인은 저절로 만들어지지 않습니다. 파이프라인을 설치하려면 시간과 노력을 투자해야 합니다.

물통 나르기는 안정을 보장하지 않는다

누구나 더 큰 물통을 갖고 싶어 합니다. 실제로 비슷한 환경에서 연봉이나 급여를 다른 곳보다 더 많이 주는 곳을 거절하는 사람은 거의 없습니다.

만약 여러분의 유일한 소득원이 물통을 나르는 일이라면 가능한 한 커다란 물통을 나르십시오. 그래야 남들보다 조금이라도 돈을 더 벌 수 있습니다.

설령 그럴지라도 물통을 나르는 것으로는 시간적, 경제적으로 여유로운 삶을 살 수 없다는 사실에는 변함이 없습니다. 늘 그 일에 얽매여 자신의 모든 것을 투자해야 하기 때문입니다. 그래도 물통을 나르는 일로는 자신은 물론 가족의 안전과 안정을 보장할 수 없습니다. 이는 물통이 아무리 커도 마찬가지입니다.

왜 그럴까요? 한번 생각해보십시오. 여러분이 물통을 나르는 이상 돈을 벌려면 어떤 상황에서든 아침에 출근해 저녁까지 일해야 합니다. 일하지 않으면 더 이상 수입은 들어오지 않기 때문입니다.

어떤 이유로든 여러분이 일을 하지 못하면 여러분의 수입은 완전히 끊기고 맙니다.

- 질병 혹은 사고
- 정리해고
- 퇴직

아직도 물통에 매달려 여러분의 현재와 미래를 보장받고 싶습니까? 물통을 나르는 사람들은 대부분 물통을 나르는 틈틈이 파이프라인을 설치하지 않아 백만장자는커녕 빈털터리로 살아가고 있습니다. 그러다가 물통의 물이 마르는 순간 그들은 여지없이 바닥으로 추락하고 맙니다. 이제 내 아버지가 내게 들려준 "파이프라인은 생명선이다"라는 말이 이해가 갑니까?

CHAPTER 02

역사상 가장 위대한
파이프라인의 힘

시간적, 경제적
여유로움을 누리는 길

한창 주가가 오르고 있던 어느 야구선수와 시골의 작은 초등학교 교사가 있었습니다. 그때까지 그들은 완전히 정반대의 삶을 살아왔습니다. 젊은 야구선수는 연봉이 수백만 달러에 달했지만 나이가 지긋한 초등학교 교사는 연봉 만 달러 이상을 받아본 적이 없었습니다. 또한 야구선수는 눈부신 활약 덕분에 언제나 매스컴의 주목을 받았고 초등학교 교사는 매사추세츠 주의 작은 마을에서 아이들과 함께 조용히 살았습니다.

이러한 차이는 그들이 미래를 위해 선택한 길을 고려하면 그리 중요치 않습니다. 둘 중 한 명은 파이프라인을 구축해 백만장자가 되고 다른 한 명은 파산 직전 상태에서 열심히 물통을 나르고 있기 때문입니다.

이는 단순히 판이한 환경에서 살아가는 사람들을 비교하려는 것이 아닙니다. 정말로 중요한 것은 그들의 선택이며 우리는 그것을 통해 교훈을 얻어야 합니다.

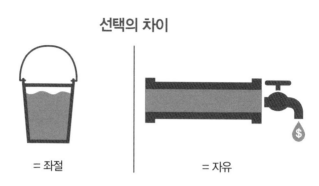

선택의 차이

= 좌절   = 자유

이 이야기가 끝나면 여러분은 왜 파이프라인을 만드는 것이 미래의 안정된 삶과 진정한 시간적, 경제적 여유로움을 누리는 유일한 길인지 깨달을 것입니다.

어느 야구선수 이야기

먼저 유명한 야구선수의 삶을 살펴봅시다. 수년 동안 재능을 인정받으며 사람들의 시선을 한 몸에 받던 야구선수는 개인적인 생활에서 몇 가지 실수를 저지른 후 이혼당하고 폭음과 마약중독에 빠져버렸습니다. 이것만으로도 안타까운 일인데 그는 경제적인 선택에서도 어리석은 실수를 하고 말았습니다.

사실 그는 20년 동안 세상의 주목을 받으며 화려한 선수생활을 누렸습니다. 하지만 어리석은 선택으로 인해 지금은 수중에

한 푼도 남아 있지 않습니다. 어쩌면 여러분은 그를 알고 있을지도 모릅니다. 그는 바로 대릴 스트로베리(Darryl Strawberry) 선수입니다. 그는 우리가 경제적으로 여유롭게 살기 위해 '절대로 하지 말아야 할 일'이 무엇인지 잘 보여줍니다.

거의 반평생을 야구선수로 살아온 대릴 스트로베리는 10대 시절에 메이저리그에 진출했고, 당시 '제2의 테드 윌리엄스(Ted Williams, 20세기 최후의 4할 타자라고 불리는 유명한 선수)'라는 평가를 받을 정도로 활약이 대단했습니다. 화려한 스포츠 선수답게 선수 연봉만 200만 달러에서 500만 달러에 달했고 그밖에 각종 광고, 방송 및 행사, 연설, 팬 사인회 등에서 연간 200만 달러의 수입을 더 올렸습니다. 그래서 그는 마흔 살이 되기도 전에 이미 5,000만에서 1억 달러 정도를 벌어들였습니다.

많은 수입, 많은 지출

그 정도로 돈을 벌었다고 하면 대개는 평생 잘 먹고 잘 살았을 거라고 생각합니다. 그러나 스트로베리의 삶은 그렇지 못했습니다. 다음은 어느 지방신문의 보도 내용입니다.

"스트로베리에게는 현재 부인인 샤리스와 세 아이를 부양할

소득도 저축도 그밖에 아무것도 남아 있지 않다."

그는 분명 1억 달러 정도의 돈을 벌었는데 한 푼도 남아 있지 않다는 얘기입니다. 대체 어찌된 일일까요? 그는 그 많은 돈을 다 써버렸습니다. 호화주택, 값비싼 자동차, 마약중독과 알코올 의존증 치료비 그리고 문제를 일으킬 때마다 엄청난 돈을 주고 고용한 최고의 변호사들 등 그는 버는 족족 남김없이 탕진하고 말았습니다.

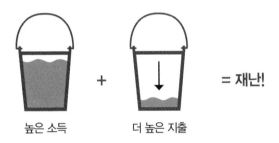

높은 소득   더 높은 지출   = 재난!

출전이 정지된 스트로베리는 한 푼도 벌지 못했습니다. 그에게 남아 있는 것은 그저 어김없이 날아오는 청구서뿐입니다. 그것은 한 번도 빼놓지 않고 처참한 상황에 놓인 스트로베리에게 꼬박꼬박 날아왔습니다.

멀리 내다보고 파이프라인을 만들면?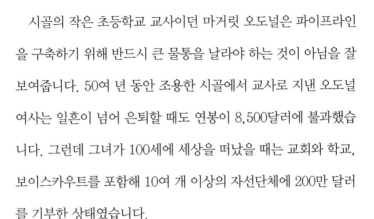

시골의 작은 초등학교 교사이던 마거릿 오도널은 파이프라인을 구축하기 위해 반드시 큰 물통을 날라야 하는 것이 아님을 잘 보여줍니다. 50여 년 동안 조용한 시골에서 교사로 지낸 오도널 여사는 일흔이 넘어 은퇴할 때도 연봉이 8,500달러에 불과했습니다. 그런데 그녀가 100세에 세상을 떠났을 때는 교회와 학교, 보이스카우트를 포함해 10여 개 이상의 자선단체에 200만 달러를 기부한 상태였습니다.

연봉이 만 달러도 되지 않던 그녀는 어떻게 야구선수와 전혀 다른 결말을 보여준 것일까요? 무슨 비결이라도 있었던 것일까요? 그녀는 매달 정기적으로 우량주를 선별해 투자했고 오랫동안 증식시키는 방식으로 장기적인 투자 파이프라인을 구축해놓았습니다.

장기적인 투자 파이프 라인

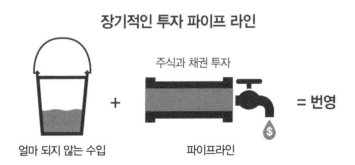

그녀의 주식을 관리한 증권사 직원 밥 월란스크는 이렇게 말했습니다.

"마거릿은 마치 게임을 하듯 주식 투자를 즐겼습니다. 제가 그녀를 처음 만나던 날 그녀는 종이 세 장을 내 책상에 내려놓으며 말하더군요. '이 녀석들을 어떻게 해야 하죠?' 그것은 그녀가 갖고 있던 주식 중에서 가장 실적이 나쁜 주식이었습니다."

그 후 20여 년 동안 마거릿의 주식 포트폴리오는 갈수록 번창했고 나중에는 블루칩 주식과 채권, 공익사업주까지 소유하게 되었습니다. 더구나 그녀는 자신이 투자한 주식을 거의 팔지 않았고 은퇴 후에도 그녀의 파이프라인은 더욱 확대되었습니다.

절제된 생활, 화려한 수입

그렇다고 마거릿이 공짜 쿠폰을 모으거나 한 번 우려낸 홍차 티백을 한 번 더 우려먹는 자린고비였던 것은 아닙니다. 그녀는 친구들과 자주 외식을 즐겼고 최신 모델의 뷰익 자동차를 타고 다녔습니다. 그리고 가끔은 유럽으로 여행을 떠나기도 했습니다. 다시 말해 그녀는 악착같이 돈을 모으느라 삶의 즐거움도 모르고 살았던 사람이 아닙니다.

그녀는 자신의 지출에 관해 철저하게 규칙과 규율을 정했고 그것을 충실히 따랐습니다. 더불어 매달 빠짐없이 저축과 투자를 했는데 이는 은퇴 이후에도 계속 이어졌습니다.

20대 초반부터 장기적인 안목으로 투자한 그녀는 미래를 책임질 파이프라인을 구축하는 전형적인 사례입니다. 그녀는 100세가 되어 세상을 떠날 때까지도 투자를 계속했습니다. 이미 설명했듯 파이프라인 수입은 해를 거듭할수록 더욱더 늘어납니다.

파이프라인 확장하기

물론 파이프라인을 구축하는 사람이 처음부터 눈에 띨 만큼 큰 성과를 올리는 것은 아닙니다. 처음 며칠이나 몇 년 동안은 노력한 만큼 얻는다는 생각이 들지 않을 정도로 성과가 저조할 수도 있습니다. 그러나 인내심을 발휘해 꾸준히 노력하면 반드시 커다란 결실을 맺을 수 있습니다. 때로는 자기절제와 어느 정도 자기희생이 필요할지도 모릅니다.

파이프라인의 물은 마르지 않는다

　사실 대릴 스트로베리는 수년 동안 화려한 생활을 하면서 엄청나게 큰 물통을 나른 것입니다. 물통이 큰 만큼 돈을 갈퀴로 퍼 담을 만큼 벌었지요. 그러면 마흔이 가까운 나이에 그에게 남은 것은 무엇입니까? 아무것도 없습니다.

　대릴 스트로베리에게는 미래를 위해 파이프라인을 구축할 시간이 20여 년이나 있었습니다. 만약 그가 수입의 단 10퍼센트라도 주식에 투자했다면 지금쯤 적어도 2,000만 달러, 아니 1억 달러는 모았을 것입니다.

장기적인 투자 파이프 라인

파이프라인이 없으면
인세수입도 없다.

　안타깝게도 그는 미래를 위한 파이프라인을 구축하지 않았습니다. 자신이 갖고 있는 커다란 물통이 언제까지라도 마르지 않을 거라고 믿었기 때문입니다. 이것은 그야말로 엄청난 착각입니다. 물통이 아무리 커도 그 안에 물이 저절로 채워지는 것은 아닙니다. 열심히 채우지 않으면 물통은 비어버립니다. 가령 은퇴하거나 질병, 상해, 과로 등의 변화로 더 이상 물통을 채우지 못할 경우 물통은 곧바로 말라버립니다.

큰 물통 모델

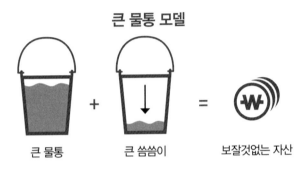

큰 물통 + 큰 씀씀이 = 보잘것없는 자산

반면 파이프라인의 물은 마르지 않습니다. 일단 파이프라인을 설치하면 물이 쉬지 않고 흐릅니다. 이 법칙은 작은 물통을 나르는 사람뿐 아니라 큰 물통을 나르는 사람에게도 똑같이 적용됩니다. 사실 물통의 크기는 중요하지 않습니다. 큰 물통을 나르는 사람은 생활수준이 높아 그만큼 지출이 많기 때문입니다. 진정 경제적으로 여유롭고 싶다면 파이프라인을 만들어야 합니다.

물통이 작을수록 파이프라인이 꼭 필요하다

많은 돈을 번다고 해서 반드시 경제적으로 여유로운 것은 아닙니다. 아무리 큰 물통을 날라도 파이프라인을 구축하지 않으면 결국 그 물통의 물은 말라버립니다. 내가 야구선수 대릴 스트로베리의 삶을 장황하게 늘어놓은 이유는 이러한 사실을 강조하고 싶기 때문입니다. 그처럼 엄청난 돈을 벌고도 결국 수중에 돈 한 푼 남지 않았는데, 그보다 물통이 작은 사람은 어떨까요? 여러분은 이 문제를 심각하게 생각해봐야 합니다.

여러분의 물통은 어떻습니까?

알고 있다시피 스트로베리는 급여를 받아 생활했습니다. 여러분은 어떻습니까? 스트로베리는 자신의 큰 물통을 언제까지라도 나를 수 있을 거라고 믿었습니다. 여러분은 어떻습니까? 스트로베리는 수년 동안 번 막대한 수입을 현명하게 사용해 파이프라인을 구축할 수 있었지만 그렇게 하지 않았습니다. 여러분은 어떻습니까?

여러분은 어떤가?

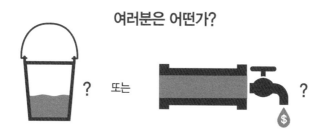

스트로베리는 몇 가지 잘못된 선택을 하는 바람에 엄청난 대가를 치러야 했습니다. 그중에서도 최악의 선택은 '미래를 지켜줄 파이프라인을 구축하지 않았다'는 점입니다. 도저히 용서받을 수 없는 일을 저지른 것입니다. 그토록 엄청난 돈을 벌었으면서 대체 무슨 생각으로 대책 없이 살았단 말입니까!

반면 시골에서 조용히 작은 물통을 나른 마거릿 오도널은 현명하게도 미래를 지켜줄 파이프라인을 구축했습니다. 덕분에 그녀가 더 이상 물통을 나를 수 없었을 때도 그녀의 파이프라인은 계속해서 물을 흘려보냈습니다. 즉, 그녀의 수입은 은퇴 이후에도 끊임없이 이어졌습니다.

여러분의 선택은?

이제 여러분이 대답할 차례입니다. 여러분은 위의 사례에서 어느 쪽에 속하고 싶습니까? 만약 마거릿 오도널 쪽이라면 지금 당장 파이프라인을 구축하는 일을 시작하십시오. 반대로 대릴 스트로베리의 삶을 원한다면 여러분의 미래 모습은 우울할 것입니다.

다시 한 번 강조하지만 파이프라인은 여러분의 생명선입니다! 그것은 가만히 있어도 저절로 물이 채워지기 때문입니다. 물론 때로는 물을 부어주고 수리도 해야 합니다. 여하튼 파이프라인은 아무리 시간이 흘러도 안정적인 수익을 안겨줍니다.

여러분은 어떤가?

또는

"내 운명을 결정하는 것은 우연이 아니라 내 선택이다."

대릴 스트로베리와 마거릿 오도널은 둘 다 인생에서 한 가지를 선택했습니다. 한 사람은 물통을 선택하고 다른 한 사람은 파이프라인을 선택한 것입니다. 그들은 스스로 선택했습니다. 이제는 여러분이 선택할 차례입니다.

파이프라인의
지렛대 효과

혹시 여러분은 레버리지 효과, 즉 지렛대 원리를 알고 있습니까? 이는 문명을 송두리째 바꿔놓은 기막힌 개념입니다. 만약 이 지렛대 작용이 없었다면 아마 이 책은 존재하지 않았을지도 모릅니다. 그러면 지금부터 역사적인 사실을 살펴봅시다.

1444년, 독일의 활판 인쇄술 발명자 요하네스 구텐베르크 (Johannes Gutenberg)는 와인을 짜던 기계를 상업용 인쇄기로 개조했습니다. 그리고 그는 그 인쇄기로 찍은 180부의 성서를 며칠 만에 모두 판매하면서 커다란 성공을 거뒀습니다.

이후 불과 수십 년 만에 인쇄기는 유럽 전역으로 퍼져 나갔고 1600년대 중반에는 유럽에서 800만 부의 책이 유통되었습니다. 이것은 인쇄기가 등장하기 이전의 수천 년간 만든 모든 책을 합한 것보다 10배 더 많은 수치입니다.

새로운 패러다임

구텐베르크의 인쇄기는 책을 만드는 기존의 패러다임을 완전히 바꿔놓았습니다. 인쇄기를 발명하기 전에는 모든 책을 필사자나 수도승이 일일이 손으로 기록해서 만들었습니다. 이로 인해 책 한 권을 만들려면 많은 시간과 노력이 들었고 가격이 매우 비싸 귀족이 아니면 책을 구경조차 할 수 없었습니다. 그런데 구텐베르크가 이런 패러다임을 완전히 바꿔버린 것입니다.

인쇄기는 활자를 한 번 만들어놓으면 똑같은 책을 수천 권이나 찍어낼 수 있습니다. 이것은 수작업에 비유할 수 없을 만큼 엄청난 혁신입니다. 아무튼 인쇄기는 인쇄업자의 돈과 시간에 지렛대 작용을 해서 생산성을 극적으로 높여놓았습니다.

책을 일일이 손으로 때 들어가는 노력과 결과 사이에는 1 대 1의 대응관계가 성립합니다. 즉, 한 시간 노력하면 한 시간만큼의 결과물이 나오며 이는 물통을 나르는 것과 같습니다. 가령 필사자가 한 쪽을 옮겨 적는데 하루가 걸리면 백 쪽을 옮겨 적을 경우 백 일이 걸립니다.

인쇄기로 작업할 경우에는 어떨까요? 16세기에 인쇄기를 사용하기 위해 한 쪽 분량의 활자를 만드는 데는 꼬박 하루가 걸렸습니다. 그 결과는 고작 한두 장의 교정쇄뿐입니다.

하루에 1페이지

그러나 다음 날이면 모든 것이 달라집니다. 커다란 소음을 내뿜으며 인쇄기가 돌아가면 활자가 박힌 인쇄물이 금세 100장이나 쏟아져 나오는 것입니다. 이처럼 인쇄기는 필사자가 100일 동안 노력해야 하는 것을 단 하루 만에 끝냅니다. 이것이 바로 지렛대의 작용이자 파이프라인 모델입니다.

한 시간 = 100쪽

파이프라인을 구축하면 노력과 결과의 비율이 1 대 1의 관계로 나타나지 않습니다. 즉, 지렛대 원리를 이용할 경우 같은 노력으로 100배, 1,000배 심지어 100만 배의 결과도 얻을 수 있습니다.

시간과 돈이라는 지렛대

레버리지라는 말의 어원인 'lever'는 '가볍게 하다'라는 말에서 유래한 것으로 사실 지렛대를 사용하면 엄청난 부피의 물체도 쉽게 들어 올릴 수 있습니다.

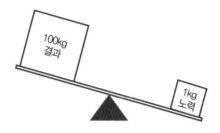

이러한 지렛대 원리는 시간과 돈에 적용해도 마찬가지의 결과가 나옵니다. 즉, 결과가 복비례로 증가합니다. 다시 말해 돈에 대한 이자가 복리로 늘어납니다.

예를 들어 시간에 지렛대 원리를 적용해봅시다. 그러면 한 시간의 노력은 100시간 동안 일한 만큼의 결과물을 안겨주고, 일주일간의 노력은 1년 치의 결과물을 얻게 해줍니다.

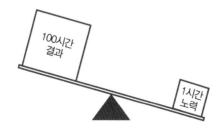

이번에는 돈에 지렛대 원리를 적용해봅시다. 아무리 적은 돈도 오랫동안 투자하면 초기 투자액의 몇 배로 늘어납니다. 설령 1달러를 투자해도 그것을 오랜 기간 지속하고 또 배가의 원리를 적용하면 상당한 금액으로 늘어납니다.

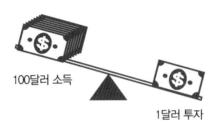

100달러 소득

1달러 투자

지렛대 원리의 전형적인 사례

지렛대 원리는 '시간과 결과물은 1 대 1의 비율로 나타난다'는 등식을 완전히 무너뜨립니다. 다시 말해 지렛대 원리는 무조건 힘들게 열심히 일하는 것이 아니라 보다 현명하게 일하는 방법을 알려줍니다. 이것이 모든 파이프라인의 이면에 존재하는 힘입니다.

그러면 시간에 적용되는 지렛대 원리를 살펴봅시다.

가장 전형적인 사례는 종업원을 고용해 시간을 레버리지하는 것입니다. 예를 들어 여러분이 식당을 개업한다면 웨이터, 주방장, 접시닦이 등 각각의 일을 담당할 종업원을 고용해야 합니다.

소규모 자영업의 시간 레버리지

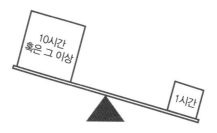

만약 열 명의 종업원을 고용한다고 가정해봅시다. 그들에게 시간당 10달러를 지불해야 한다면 시간당 100달러가 종업원의 임금으로 나가는 셈입니다. 가령 식당이 시간당 평균 1,000달러의 수입을 올릴 경우 종업원의 임금이나 기타 재료비 등의 지출 비용을 제외한 금액이 식당 주인의 주머니로 들어갑니다.

그렇다면 돈에 적용되는 지렛대 원리는 어떻게 나타날까요?

가장 전형적인 사례는 주식 투자입니다. 여러분은 아마 월가의 살아 있는 전설이라 불리는 워런 버핏의 이야기를 잘 알고 있을 것입니다. 그는 세계에서 손가락 안에 드는 거부로 고전적인 투자 방식으로 엄청난 부를 소유했습니다. 다시 말해 그는 다른 사람의 돈에 지렛대 원리를 적용해 자기 자신은 물론 투자자들도 부자로 만들어주었습니다.

그는 어떻게 그토록 엄청난 돈을 벌었을까요?

예를 들어 1965년에 버핏이 운영하는 회사 버크셔 해서웨이의 주식에 1만 달러를 투자한 사람이 그것을 1998년까지 가져간 경우 그 주식의 가치는 무려 5,100만 달러로 뛰어올랐습니다. 이것은 그야말로 엄청난 수치입니다. 그런 파이프라인을 갖고 있으면 세상에 부러울 게 없을 것입니다. 실제로 35년 전 주당 19달러에 지나지 않던 버크셔 해서웨이 주식은 1998년 말 7만 달러에 달했습니다. 결국 1965년에 단돈 300달러를 레버리지하면 오늘날 100만 달러로 키울 수 있는 셈입니다. 믿을 수 있겠습니까!

버크셔 해서웨이 투자를 레버리지한다

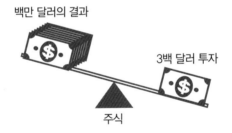

백만 달러의 결과

3백 달러 투자

주식

파이프라인의 엄청난 가치

버크셔 해서웨이의 주식은 지렛대 원리를 충실히 활용할 경우 상상하기 힘들 정도의 투자 결과를 얻는다는 사실을 잘 보여 줍니다.

1965년에 300달러를 모으는 데 얼마나 많은 시간이 걸렸을까요? 잘해야 이틀이나 사흘, 아무리 길게 잡아도 일주일이면 충분히 벌 수 있는 액수입니다. 그렇게 번 돈 300달러를 투자하면 이미 파이프라인을 구축한 셈입니다. 더 이상 아무것도 하지 않아도 됩니다. 다만 가끔 신문이나 주식 관련 잡지를 뒤적여 주가를 확인하면 그만입니다. 대단하지 않습니까!

더 이상 노력할 필요 없이 300달러로 100만 달러를 만들 수 있다면 이보다 더 좋은 일이 어디 있겠습니까?

지렛대 원리를 활용하면 아무리 적은 돈과 시간도 1,000배 이상으로 늘릴 수 있습니다. 그렇다면 1달러를 100달러로, 아니면 한 시간을 100시간으로 늘릴 방법을 찾아야 하지 않겠습니까? 일은 한 번으로 끝내고 나머지는 지렛대 원리로 손가락 하나까딱 하지 않아도 시간과 돈이 늘어난다면 얼마나 좋겠습니까!

이것은 충분히 가능한 일입니다! 여러분이 파이프라인을 구축한 파블로나 워런 버핏을 따라 할 경우 여러분 역시 지렛대 원리의 혜택을 볼 수 있습니다.

소규모 자영업의 시간 레버리지

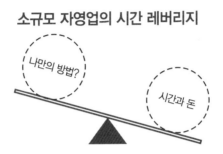

만약 여러분이 지금 당장 돈과 시간을 레버리지하는 방법을 찾아낸다면 여러분은 머지않아 엄청난 결과물을 마음껏 누릴 것입니다.

돈을
레버리지하라

고대 중국의 어느 황제가 체스 게임을 알고 난 뒤 그 게임에 푹 빠져들었습니다. 그 황제는 체스 게임을 만든 사람을 찾아 그에게 상을 내리기로 했습니다. 체스 게임을 만든 사람이 황제의 초청으로 궁궐에 가자 황제가 그에게 말했습니다.

"그대의 소원을 한 가지 들어주겠노라. 무엇이든 말해보라."

"폐하, 제 소원은 쌀을 한 톨 받는 것입니다."

"아니, 고작 쌀 한 톨이란 말이냐?"

황제가 깜짝 놀라 물었습니다.

"그렇습니다. 체스 판 첫째 칸에 놓을 쌀 한 톨입니다. 그리고 두 번째 칸에는 두 톨을, 세 번째 칸에는 네 톨… 이렇게 계속 배수로 전체 칸에 해당하는 쌀을 주시면 됩니다."

황제는 매우 기뻐하며 말했습니다.

"좋다! 어서 가서 체스 판을 가져오너라."

궁궐 내에 있던 모든 사람이 체스 판 곁으로 몰려들었고 궁궐의 부엌살림을 책임지는 사람이 쌀 500그램이 들어 있는 봉투를 가져다 체스를 만든 사람에게 건네주었습니다. 그러자 체스를 만든 사람이 껄껄 웃으며 말했습니다.

"부엌에 가서 큰 봉투를 가져오는 것이 좋을 것이오."

모든 사람이 한바탕 웃음을 터트렸습니다. 그가 가볍게 농담을 하는 것으로 받아들였기 때문입니다. 체스를 만든 사람은 쌀을 체스 판에 올려놓기 시작했고 황제에게 말한 대로 쌀알의 개수를 배수로 해서 점점 늘려 나갔습니다. 곁에서 구경하던 사람들은 쌀알이 1, 2, 4, 8, 32, 64, 128톨로 늘어나면서 첫 번째 줄의 여덟 칸을 다 채우자 손가락으로 그곳을 가리키며 킥킥거렸습니다.

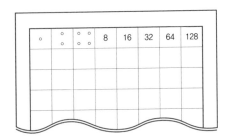

그러다가 쌀알이 둘째 줄 중간 정도에 이르자 그 웃음이 점점 사라지더니 어느 순간 사람들의 두 눈이 동그랗게 커졌습니다. 체스 판에 한 움큼의 쌀이 놓여 있는가 싶더니 어느새 작은 봉투로 변했고 그것이 다시 배로 늘어나 중간 크기 봉투 그리고 또다시 큰 봉투로 불어났기 때문입니다.

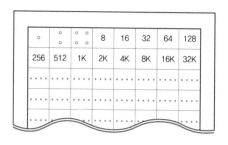

○	○ ○	○ ○ ○ ○	8	16	32	64	128
256	512	1K	2K	4K	8K	16K	32K
‥‥	‥‥	‥‥	‥‥	‥‥	‥‥	‥‥	‥‥
‥‥	‥‥	‥‥	‥‥	‥‥	‥‥	‥‥	‥‥
‥‥	‥‥	‥‥	‥‥	‥‥	‥‥	‥‥	‥‥

황제 역시 다른 사람들과 마찬가지로 숨을 죽이며 그 광경을 지켜보고 있었는데, 둘째 줄이 끝나갈 무렵이 되자 자신이 큰 실수를 했다는 사실을 깨달았습니다. 그 자리에서 체스를 만든 사람이 가져야 할 쌀은 3만 2,769톨이었는데 아직 마흔여덟 칸이나 더 남아 있었던 것입니다.

그 상태에서 게임을 중지시킨 황제는 석학들을 불러 체스 판을 가득 메운 쌀알의 양이 어느 정도인지 계산하게 했습니다. 내로라하는 석학들은 열심히 주판을 퉁겨가며 계산한 숫자들을 서둘러 석판에 써내려갔습니다. 한동안 법석을 떨던 석학들은 마침내 같은 결론에 도달했습니다. 그것은 예순네 개의 칸이 있는 체스 판을 배가의 원리로 채우면 모두 1,800만 톨로 이는 세상에 있는 모든 쌀에 10을 곱한 양과 같다는 것이었습니다.

황제는 그만 머리를 감싸 쥐었습니다. 그 많은 쌀을 내줄 수도 없고 여러 사람 앞에서 큰소리치며 한 약속을 물릴 수도 없었기 때문입니다. 할 수 없이 황제는 체스를 만든 사람에게 사정하며 말했습니다.

"참으로 현명하구나! 하지만 그 많은 쌀을 구할 방도가 없다. 만약 그대가 약속을 물려준다면 내가 그대에게 비옥한 땅 수백 에이커를 내리겠노라."

"그렇게 하겠습니다."

체스를 만든 사람은 그 제안을 흔쾌히 받아들였습니다. 그 자리에 있던 모든 사람이 그의 지혜와 현명함을 침이 마르도록 칭찬했습니다. 체스를 만든 사람은 황제에게 하사받은 땅에서 평생 부유하게 살았다고 합니다.

불가사의한 배가의 원리

배가의 원리는 은행이 처음 등장했을 무렵 어느 부유한 상인의 예치금에 이자를 지급하면서 나온 개념으로 엄청난 증식 효과가 있다는 사실이 증명되었습니다. 천재 물리학자 알베르트 아인슈타인은 배가의 원리를 '세계 8대 불가사의'라고 일컬었지요.

재산을 불려갈 때 배가의 원리는 기본적인 초석입니다. 나는 이를 두고 플로리다의 부자동네 이름을 붙여 '팜비치 파이프라인'이라고 부릅니다. 팜비치에는 수백 명에 이르는 세계 최고의 갑부들이 대서양이 내려다보이는 넓은 집에서 풍요롭게 살아가고 있기 때문입니다.

그들은 돈을 벌기 위해 일할 필요가 전혀 없습니다. 단지 돈이 그들을 위해 일하도록 할 뿐입니다. 그들은 일과 상관없이 일년 내내 막대한 이윤을 얻게 해주는 파이프라인에 유산으로 받은 엄청난 돈을 투자하고 있습니다. 그 팜비치 파이프라인은 배가의 원리로 불어납니다. 이처럼 행운이 넘쳐흘러 엄청난 유산을 상속받은 사람은 꼼짝하지 않아도 삶의 온갖 풍요를 마음껏 누릴 수 있습니다. 더구나 그 부는 계속해서 불어납니다. 이것은 한 손에 떡을 들고 다른 손에 든 떡을 계속 맛있게 먹는 것과 같습니다.

72의 법칙

그들이 어떻게 해서 더욱더 부자가 되는지 이해하기 위해 '72의 법칙'을 살펴봅시다. 이것을 흔히 '부자들의 법칙'이라고 하는데 세계 최고의 투자 중개인들은 자신의 부자 고객에게 이 법칙에 따라 재산을 불려가는 개념을 가르칩니다.

사실 72의 법칙은 투자한 돈이 배가되는 데 몇 년이 걸리는지 계산하는 단순한 공식입니다. 간단히 말해 72의 법칙은 이렇게 설명할 수 있습니다.

배가의 개념 또는 72의 법칙

- 투자액에 대한 연리를 정한다.
- 72를 이자율로 나눈다.
- 이 결과가 투자금액이 두 배로 증식하는 데 걸리는 기간이다.

예를 들어 어느 상속자가 연 10퍼센트의 이자가 나오는 주식에 10만 달러를 투자했다고 해봅시다. 여기에 72의 법칙을 적용하면 다음과 같은 결과가 나옵니다.

72의 법칙의 사례

- 1단계 : 투자액 원금 10만 달러
- 2단계 : 연 10퍼센트의 이자율
- 3단계 : 72를 이자율인 10으로 나눈다. 이것은 7.2년
- 수익 : 7.2년 후에는 10만 달러가 20만 달러로 늘어난다.

이 상속자가 이윤이나 원금을 전혀 사용하지 않으면 10만 달러는 7.2년 후 20만 달러가 되고, 14.4년 후에는 40만 달러가 됩니다. 여기에서 더 나아가면 21.6년 후에는 80만 달러가 되고

28.8년 후에는 160만 달러로 불어납니다.

원금을 배로 증식시키면 파이프라인의 크기가 점점 더 커지는 것입니다. 이처럼 배가의 원리에 지렛대 개념을 적용할 경우 100만 달러를 상속받은 사람은 왕족처럼 살고도 후손에게 더 많은 재산을 물려줄 수 있습니다. 이토록 놀라운 배가의 원리 덕분에 케네디, 듀폰, 파이어스톤, 포드, 록펠러, 게티 집안의 수천 명 상속자가 재산이 고갈되는 일 없이 늘 사치스럽게 살아가는 것입니다.

실제로 그들의 파이프라인에는 계속해서 물이 흘러들기 때문에 아무리 시간이 흘러도 그들의 물탱크는 절대 마르지 않습니다. 유럽의 로스차일드 가문 상속자들이 200년 이상 풍요로움을 누린 이유가 여기에 있습니다.

평범한 사람이 장기적인 파이프라인을 만드는 법

평범한 사람도 얼마든지 배가의 원리를 이용해 파이프라인을 구축할 수 있습니다. 앞서 보았듯 마거릿 오도널 여사는 시골의 작은 학교 교사로 많지 않은 급여를 받았지만 주식에 투자해 수백만 달러를 벌었습니다.

그러면 평범한 사람이 장기적인 파이프라인을 만들기 위해 돈을 레버리지하는 방법은 무엇일까요? 마이클 설즈는 《아이들과 돈》이라는 작은 책자에서 그 해답을 알려주고 있습니다. 설즈가 제시하는 원칙은 사람과 돈의 관계를 아주 쉽게 가르쳐주고 있는데 그 원칙은 남녀노소 누구에게나 적용됩니다.

월스트리트의 투자 중개인 출신인 설즈는 간단한 시스템을 통해 자기 아이들이 용돈을 좀 더 책임감 있게 관리하도록 가르쳤습니다. 그는 모든 부모에게 다음과 같이 조언합니다.

"세 개의 플라스틱 통을 준비해 하나에는 '쓰기와 주기', 다른 하나에는 '저축' 그리고 나머지 하나에는 '투자'라고 표시합니다. 그런 다음 용돈을 줄 때 아이들이 세 가지 통에 돈을 똑같이 나눠담게 합니다.

아이들과 돈

쓰기와 주기　　　　저축　　　　투자

이때 쓰기와 주기 통은 자신에게 필요한 것을 구입하는 데 쓸 돈을 넣게 합니다. 이는 주로 과자나 야구카드 등을 구입하는 돈으로 비교적 규모가 작은 지출입니다. 교회에 내는 헌금이나 자선단체 기부금도 여기에 해당합니다. 저축 통은 좀 더 규모가 큰 지출인데 예를 들면 CD나 비디오게임기 같은 것이 여기에 속합니다. 투자 통은 앞의 두 경우와 달리 지출하기 위해 넣어두는 돈이 아닙니다."

특히 설즈는 투자 통에 대해 이렇게 강조합니다.

"우리가 만약의 사태에 대비해 돈을 모아두지 않으면 빚을 질 위험이 높으므로 투자 부분은 다른 무엇보다 중요합니다."

장기적인 투자 파이프라인을 고려하는 성인 역시 이 개념으로 돈을 관리할 필요가 있습니다. 하지만 아이들처럼 돈을 통에 넣는 대신 은행이나 증권계좌에 넣어야 합니다.

성인과 돈

쓰기와 주기 (월 지출)	**저축** (주요 지출)	**투자** (파이프라인)
+ 자동차 할부금 + 음식과 주거 + 오락 + 기타	+ 가족 휴가 + 자녀 대학 학자금 + 집수리 + 기타	+ 주식, 채권 + 개인 투자 적립금 + 부동산 +기타

정기적으로 투자하라

부자들이 하는 방식대로 돈을 레버리지하려면 매달 정기적으로 투자해야 합니다. 그리고 그 돈을 절대 찾아 쓰지 말고 배가의 원리에 따라 불어나도록 내버려두어야 합니다. 여러분의 파이프라인에 돈을 투자하는 가장 좋은 방법은 매달의 수입 중에서 얼마간의 돈을 파이프라인에 예치하는 것입니다.

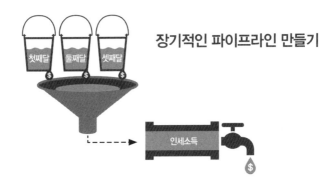

자수성가한 백만장자

우리는 부자 부모를 선택해서 태어난 것이 아닙니다. 우리가 모두 백만장자 부모 밑에서 태어났다면 애써 저축 계획을 세우기나 수입 공제에 신경 쓸 필요가 없을 것입니다. 불행하게도 대다수는 평범한 부모 밑에서 태어납니다.

더 중요한 것은 대부분의 백만장자가 상속을 받아 부자가 된 것이 아니라는 사실입니다. 통계적으로 볼 때 백만장자 다섯 명 중 네 명은 자수성가한 것입니다. 단지 그들은 록펠러나 케네디 가문의 투자 전략처럼 부자가 되는 방식을 모방한 것뿐입니다. 다시 말해 자수성가한 백만장자들은 자신만의 파이프라인을 만들기 위해 돈을 레버리지했습니다.

그들은 어떻게 돈을 레버리지했을까요? 그들은 앞에 나오는 세 가지 통을 사용했습니다. 쉽게 말해 번 돈을 몽땅 쓰는 대신 수입 중에서 일부를 투자 통에 넣고 시간이 지날수록 그것이 배가의 원리로 불어나도록 한 것입니다.

백만장자는 대부분 자신이 버는 수입의 15~20퍼센트를 저축하고 미래를 위해 주식, 채권, 사업, 임대 자산, 상업 부동산, 연금 등의 자산 증식 파이프라인에 현명하게 투자합니다. 그렇게 파이프라인을 구축하면 그들이 50대나 60대가 되었을 때 백만장자 대열에 올라설 수 있습니다.

사실 배가의 원리를 실감하려면 수십 년을 기다려야 합니다. 즉, 배가의 양과 속도는 수십 년이 지나야 그 실체를 드러냅니다. 가령 1만 달러의 돈을 10퍼센트의 이자율을 적용해 2만 달

러로 불리려면 7년이 걸립니다. 그런데 50년 후에는 그 돈이 일
곱 번이나 배가되어 130만 달러에 달합니다!

배가의 위력

기간	1년	7년	14년	21년	28년	35년	42년	49년
달러	1만	2만	4만	8만	16만	32만	64만	1백30만

5년짜리 파이프라인 계획

백만장자가 되면 그야말로 세상을 다 얻은 듯한 기분일 것입
니다. 여러분도 그런 느낌을 맛볼 수 있습니다. 그렇다고 그 일
이 복권에 당첨되어야 가능한 것은 아닙니다.

과거에는 백만장자 클럽에 들어가려면 막대한 유산을 상속받
거나 일류 학교에 들어가 뛰어난 능력을 발휘해야 했습니다. 이
제는 그렇지 않습니다. 오늘날에는 평범한 사람도 얼마든지 백
만장자 대열에 올라설 수 있습니다. 그러려면 자신의 수입에서
일정 부분을 정기적으로 투자해 시간이 갈수록 배가되도록 해
야 합니다. 그 원칙을 충실히 따르는 사람은 누구든 백만장자가
될 수 있습니다. 하지만 현실적으로 누구나 미래를 지켜줄 파이

프라인을 구축하는 데 40~50년을 투자하는 것은 아닙니다. 모두가 그 정도로 팜비치 파이프라인을 구축할 인내심을 발휘하지는 않습니다.

그러면 방법이 전혀 없는 것일까요? 그렇지 않습니다.

평범한 사람이 많은 돈을 투자하지 않고도 지속적인 인세수입, 즉 잉여수입을 올릴 5년짜리 파이프라인이 있습니다. 정말로 5년짜리 파이프라인 계획이 존재합니다. 무엇보다 좋은 것은 그 파이프라인을 만드는 데 많은 돈이 들지 않는다는 점입니다. 왜냐하면 그 일은 돈이 아니라 시간을 레버리지하는 것이기 때문입니다.

시간을
레버리지하라

뉴욕 주 애팔래치아에 오래전부터 전해내려 오는 속담은 돈을 레버리지하는 것과 시간을 레버리지하는 것의 차이를 잘 보여줍니다.

"커다란 상수리나무의 꼭대기에 오르는 방법에는 두 가지가 있다. 하나는 도토리 위에 앉아 씨앗이 거목으로 자라길 기다리는 것이고, 다른 하나는 거목의 꼭대기로 기어 올라가는 것이다."

사람들이 파이프라인을 구축하기 위해 돈을 레버리지하는 것은 도토리 위에 앉아 기다리는 것과 같습니다. 나는 이 방법을 '50년 파이프라인 계획'이라고 부릅니다. 이처럼 돈이 배가될 때까지 몇 년이고 끈기 있게 기다리는 것이 바로 배가의 원리입니다.

50년 파이프라인 계획은 확실히 성공할 수 있습니다. 마거릿 오도널의 파이프라인이 그녀를 수백만 달러 부자로 만들어주었다는 사실을 기억하십시오. 그녀처럼 나도 장기적인 파이프라인을 구축하면 반드시 그만한 대가를 얻는다는 것을 굳게 믿습니다. 실제로 나는 수년에 걸쳐 수입의 일부를 연금, 증권, 부동산에 투자해 팜비치 파이프라인을 구축하고자 노력했습니다.

이를 다른 말로 표현하면 '생명선 다각화'라고 할 수 있습니다.

50년 파이프라인 계획

- 🪙 전환 사채와 정부 채권
- 🪙 연금
- 🪙 주식, 채권
- 🪙 집

- 🪙 사회보장
- 🪙 주식 및 채권
- 🪙 부동산

다른 한편으로 나는 상수리나무 꼭대기로 기어오르는 것도 믿습니다. 거목으로 자란 상수리나무 꼭대기로 기어오르는 것을 나는 '5년 파이프라인 계획'이라고 부릅니다. 이 계획 역시 50년 파이프라인 계획과 마찬가지로 경제적 여유로움과 안정적인 목표를 이루게 해줍니다.

5년 파이프라인 계획

중요한 것은 5년 파이프라인 계획이 50년 파이프라인 계획보다 10배나 시간을 단축해준다는 사실입니다! 나는 그렇게 시간

을 단축해 내 시간과 돈, 노력을 몇 가지 급성장하는 사업을 운영하는 데 사용했습니다. 나무 꼭대기로 가느라 50년을 기다리는 대신 2~5년 안에 올라갈 수 있는 사업을 한 것입니다.

누구에게나 공평하게 주어지는 시간

시간은 누구에게나 공평하게 주어집니다. 다시 말해 부자든 평범한 사람이든 가리지 않고 시간은 누구에게나 하루 24시간을 제공합니다. 따라서 시간 레버리지는 '모든 사람의 파이프라인'입니다. 시간은 빈부격차를 구분하지 않지만 돈은 그렇지 않습니다.

여러분은 그렇게 생각하지 않습니까? 그러면 다음의 상황을 생각해봅시다.

여러분과 나를 비롯해 모든 사람의 통장에 매일 아침마다 1,440달러가 들어온다면 어떨까요? 그 돈은 여러분의 것이므로 여러분이 그 돈으로 무엇을 하든 아무도 간섭하지 않습니다. 여러분이 그 돈으로 무언가를 구입해도 좋고 투자를 하거나 거리에 날려버려도 상관없습니다. 태우거나 남에게 주어도 괜찮습니다. 또한 그것을 레버리지해도 되고 낭비를 해도 그만입니다.

그래도 다음 날이면 어김없이 여러분의 통장에 다시 1,440달러가 들어오니까요.

그처럼 모든 사람이 매일 똑같은 돈을 가지고 하루를 시작한다면 세상이 한결 공평해지지 않을까요? 상상은 마음대로지만 현실은 그렇지 않습니다. 특히 돈은 결코 공평하지 않습니다.

어떤 사람은 평생 쓰고도 남을 돈을 물려줄 부모 밑에서 태어납니다. 한마디로 금수저를 물고 태어나는 것입니다. 반면 어떤 사람은 플라스틱 수저를 물고 태어납니다. 아예 아무것도 없이 손가락만 물고 태어나는 사람도 있습니다.

이렇게 인생은 공평하지 않습니다. 다시 말해 모든 사람이 1,440달러를 가지고 하루를 시작할 수는 없습니다. 하지만 시간은 다릅니다. 사람은 누구나 아침에 일어나면 어김없이 1,440분을 제공받습니다. 하루는 24시간이고 한 시간은 60분이므로 하루를 분으로 계산하면 1,440분이 됩니다.

개개인의 시간 통장	
일자 _____	당좌예금구좌 일 자: _____
To _____	수령인: _____ $ _____
_____	
For _____	**매일 1,440분 지급**

매달 급여를 받아 허리띠를 졸라매고 살아가는 사람이나 경제적 어려움 없이 인생을 즐기는 사람 모두에게 똑같이 하루 1,440분이 주어집니다. 그리고 이것을 어떻게 사용하는가가 인생에서 결정적인 차이를 만들어냅니다.

시간을 관리하면 시간을 번다

어떤 사람은 '지금은 파이프라인을 구축하기에 적당한 시기가 아니다'라며 계속 뒤로 미룹니다. 이들이 간과하는 것 중 하나는 누구에게나 지금은 적당한 시기가 아니라는 점입니다. 현대인은 대부분 스트레스 속에 갇혀 있고 언제나 바쁘게 삶에 쫓겨 다닙니다. 즉, 누구나 발등에 떨어진 불을 끄기에 바쁘고 예상치 못한 상황에 대처하느라 분주합니다. 그러다 보니 누구에게나 현재는 적당한 시기가 아닙니다.

하지만 곰곰이 생각해보십시오. 현재의 연속 그 자체가 인생입니다. 어떤 사람은 영원히 찾아오지 않을 완벽한 시간을 기다리느라 인생을 그냥 허비하고 맙니다. 완벽한 시간은 존재하지 않습니다. 그러므로 마냥 뒤로 미루면 기다리기만 하다가 인생이 끝날 수도 있습니다.

만약 누군가가 여러분에게 한자리에 앉아 일 년 동안 매일 2시간씩 뜨개질을 하면 100만 달러를 주겠다는 제안을 했다고 해봅시다. 아마 여러분은 그 제안을 흔쾌히 받아들일 것입니다. 이때 여러분의 아들이 놀이터에서 놀다가 팔이 부러졌거나 여러분의 차가 퇴근길에 시동이 걸리지 않는다고 해도 개의치 않을 것입니다. 여러분은 그때가 완벽한 시간이든 아니든 100만 달러를 위해 어떻게 해서든 2시간을 내서 뜨개질을 할 것입니다.

미국의 유명한 칼럼니스트이자 풍자작가인 아트 부크월드(Art Buchwald)는 이렇게 말했습니다.

"최상의 시간과 최악의 시간! 이것이 우리가 가진 유일한 시간이다."

사람들은 대개 매일 주어지는 시간을 지극히 당연하게 여깁니다. 특히 자투리 시간에 대해서는 거의 무관심할 정도입니다. 다시 말해 분과 시간보다 날과 주, 해로 시간을 계산하는 것에 더 익숙합니다. 예를 들면 '일주일에 닷새는 아침 아홉 시부터 다섯 시까지 일한다', '월간 계획에 맞춰 스케줄을 짠다' '일 년에 한 번 기념일을 챙긴다'라는 식으로 계획을 세우거나 계산을 합니다.

큰 단위의 시간에는 항상 조금씩 자투리 시간이 끼어 있습니다. 가령 평범한 사람이 평생 식사를 하는 시간이 얼마나 되는지 아십니까? 1년이라고요? 아니면 2년? 아닙니다. 평범한 사람이 평생 식사를 하는 시간은 자그마치 6년입니다. 다음의 통계를 보십시오. 이것은 사람들이 일상적인 일로 얼마나 많은 시간을 빼앗기는지 잘 보여줍니다.

평생 일상적인 일에 쓰는 시간

먹는 시간	6년
줄서서 기다리는 시간	5년
집안을 청소하는 시간	4년
식사를 준비하는 시간	3년
부재중에 걸려온 전화에 답하는 시간	2년
제자리에 놓아두지 않은 물건을 찾는 시간	1년
이메일을 읽는 시간	8개월
신호등을 기다리는 시간	6개월

대충 계산해도 사람들이 일상적인 일에 사용하는 시간은 거의 22년에 가깝습니다. 결국 몇 분의 자투리 시간도 모으면 상당한 시간이 되는 셈입니다.

생산적인 시간을 얻는 법

만일 여러분이 매일 저녁이나 주말에 2시간을 투자해 파이프라인을 구축한다면 그것이 인생에 어떤 도움이 될지 생각해보십시오. 주중에 매일 2시간에다 토요일과 일요일에 3시간씩 더할 경우 일주일에 16시간의 생산적인 여유시간을 얻을 수 있습니다.

생산적인 여유시간

2시간/일 × 5일	= 10시간/주	
3시간/주말(이틀)	= 6시간	
총	16시간/주	

알고 있다시피 일 년은 50주입니다. 만약 일주일에 16시간을 사용하면 일 년에 800시간이 생깁니다. 이는 하루에 8시간을 근무할 경우 100일을 근무한 셈이며 다른 방식으로 환산하면 매년 3개월 10일을 8시간 근무일로 새로 쓸 수 있는 것입니다.

여러분이 이 시간을 벌기 위해 한 일은 하루에 2시간을 확보한 것뿐입니다. 그처럼 단순한 노력으로 일 년에 석 달의 생산적인 시간을 얻을 수 있습니다.

시간을 돈으로 바꾸지 마라

성공자가 더 많은 것을 갖고 더 많이 일하는 이유는 여유시간을 생산적으로 사용하기 때문입니다. 즉, 여유시간을 생산적으로 활용하는 것이 인생에서 더 많은 것을 얻는 비결입니다. 빌 게이츠가 평균적인 남성들처럼 매일 오후 6시에 집에 돌아와 TV 앞에서 6시간 동안이나 넋 놓고 앉아 있을 거라고 생각합니까? 아마 아닐 겁니다.

최근 《월스트리트 저널》은 한 기사에서 이런 통계를 발표했습니다.

"북미인 중 상위 10퍼센트 소득층은 일주일에 52시간을 일하고, 하위 10퍼센트 소득층은 일주일에 45시간만 일한다."

사실 상위 10퍼센트 소득층은 더 오래 일하는 것은 물론 보다 더 현명하게 일합니다. 다시 말해 그들은 절대로 시간과 돈을 맞바꾸지 않습니다. 마이클 조던이 편의점의 카운터에 서서 복권이나 맥주를 판매할까요? 절대로 그렇지 않습니다. 각 분야에서 성공한 사람들은 시간을 귀중하게 여기며 자신의 시간을 레버리지할 수 있는 기회를 놓치지 않습니다.

시간과 돈을 맞바꾸면 안전망은 없다

나는 간혹 사람들에게 이런 질문을 받습니다.

"지금 모든 일이 잘되고 있는데 왜 파이프라인을 구축하기 위해 시간과 노력을 투자해야 합니까?"

그들은 자신이 직장에서 하루 종일 열심히 일했으므로 저녁에는 충분히 휴식을 취해야 한다고 생각합니다. 대개는 편안한 소파에 앉아 잠자기 전까지 TV를 보며 느긋하게 있는 것을 당연시합니다. 그리고 흔히들 이런 말을 합니다.

"인생 별것 아닙니다. 큰 문제가 없고 은행에 몇 푼의 돈이 있으며 아이들이 별다른 탈 없이 잘 자라는데 굳이 문제를 일으킬 필요는 없지 않습니까?"

그러면 나는 이렇게 응대합니다.

"바로 그때가 파이프라인을 구축해야 할 시기입니다. 당신의 일이 잘 풀리고 있을 때가 파이프라인을 구축할 적기입니다."

왜 그럴까요? 모든 것이 잘 풀려가던 흐름이 어느 순간 멈칫하면 그때는 너무 늦기 때문입니다.

오래전에 유행한 농담이 있습니다. 어느 화려한 호텔의 30층에서 한 남자가 센트럴 파크를 내려다보고 있었습니다. 그가 창문을 열고 느긋하게 경치를 즐기고 있는데 갑자기 누군가가 창문을 지나 밑으로 떨어지고 있었습니다. 깜짝 놀란 그가 떨어지는 사람을 보고 소리를 질렀습니다.

"거기는 어떻습니까?"

그러자 이런 대답이 돌아왔습니다.

"아직까지는 좋습니다."

경제적 안정

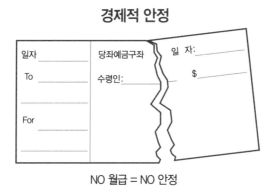

NO 월급 = NO 안정

'아직까지는' 열심히 물통을 나르며 그럭저럭 잘 지내는 사람이 많이 있습니다. 하지만 그러다가 수직 하강하면 머지않아 바닥으로 곤두박질치고 맙니다. 그들이 자신의 시간을 돈과 맞바꾸는 한 그들에게 인생의 안전망은 존재하지 않습니다. 질병이나 상해, 해고 등으로 더 이상 시간을 투입하지 못하면 수입이 끊기기 때문입니다. 물통을 나르는 사람에게 수입이 끊긴다

는 것은 인생이라는 험난한 풍파에 완전히 무방비 상태로 노출
된다는 것을 의미합니다.

개미와 베짱이

아직은 그럭저럭 잘 지내고 있을지도 모릅니다. 그렇지만 '아직까지는'을 '영원히'로 착각하면 안 됩니다. 경기가 일정한 사이클을 따라 부침을 반복하듯 우리의 인생도 일정한 주기를 탑니다. 산에 오르는 때가 있으면 그 산을 내려오는 때도 있듯 인생도 올라갈 때가 있으면 내려올 때도 있는 법입니다.

예를 들어 해고, 전업, 신용카드 부채, 응급상황, 노부모 부양 등 냉혹한 현실과 맞닥뜨리면 우리는 인생의 내리막길을 달립니다. 따라서 현명한 사람은 삶의 전성기를 누릴 때 혹은 사업이 잘 풀리고 있을 때 자신을 돌아볼 줄 압니다. 다시 말해 현명한 사람은 경기가 침체되기 이전에 미리 안전장치를 마련해둡니다. 절대로 경기가 가라앉고 있을 때가 아닙니다.

마찬가지로 파이프라인을 구축할 최적기는 경기가 바닥으로 내려갈 때가 아니라 그래도 지낼 만한 지금입니다.

개미와 베짱이의 우화는 누구나 알고 있을 겁니다. 개미는 먹

고사는 데 별다른 걱정이 없는 여름에 한겨울을 대비해 열심히 곡식을 저장해두었습니다. 그렇다고 개미가 하루 종일 일만 했던 것은 아닙니다. 적당히 삶을 즐기면서 약간의 시간을 내 파이프라인을 만들었을 뿐입니다.

반면 베짱이는 언제까지나 물통을 나를 수 있을 거라고 생각하면서 돈을 버는 족족 써버리고 서늘한 그늘 아래서 노래를 부르며 시간을 낭비했습니다. 즉, 베짱이는 미래를 위해 조금도 투자를 하지 않았습니다. 그렇게 미래를 대비해 파이프라인을 만들지 못한 베짱이는 추운 겨울이 오자 얼어 죽고 말았습니다.

지금 조금 낼 것인가? 나중에 많이 낼 것인가?

언젠가 다음의 광고가 사람들의 시선을 사로잡은 적이 있습니다. "지금 지불할지 아니면 나중에 지불할지 선택하라!"

파이프라인을 만드는 것도 이와 같습니다. 만약 여러분이 지금 시간과 돈을 약간만 투자해 파이프라인을 만든다면 여러분은 조금만 내도 됩니다. 하지만 이 시기를 놓치고 60대나 70대가 되면 정부 보조금으로 겨우 목숨을 연명하며 많이 내야만 합니다.

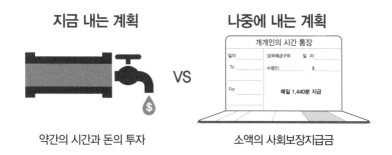

지금 내는 계획	나중에 내는 계획
VS	개개인의 시간 통장 매일 1,440분 지급
약간의 시간과 돈의 투자	소액의 사회보장지급금

만약 여러분이 파이프라인을 구축하면 미래에 돈을 투자할 필요가 없고 오히려 미래에 돈을 받게 됩니다. 이 얼마나 놀라운 일입니까!

시간은 누구에게나 공평하게 주어진다

다시 한 번 강조하지만 레버리지할 돈은 공평하게 주어지지 않습니다. 반면 시간은 누구에게나 똑같이 주어집니다. 여러분이 약간의 여가 시간을 현명하게 레버리지한다면 여러분은 몇 년 동안 이익을 안겨줄 파이프라인을 구축할 수 있습니다. 무엇보다 중요한 사실은 모든 사람이 시간을 레버리지할 수 있는 시대에 살고 있다는 점입니다.

역사적으로 볼 때 사람들에게 늘 이런 행운이 주어졌던 것은 아닙니다. 시간을 레버리지해서 파이프라인을 구축하십시오!

20세기 초에는 극소수의 부유층이 시간을 레버리지하는 특혜를 독점했습니다. 1890년대에는 대부분의 사람들이 하루 10시간 이상 일에 매달렸습니다. 생존 그 자체에 쫓기고 있던 그들에게 시간을 레버리지할 여유는 없었습니다. 그러나 현대인은 역사상 그 어느 때보다 시간적으로 많은 자유를 누리고 있습니다. 그 시간은 사람들을 평등하게 만드는 중요한 역할을 합니다. 즉, 시간은 돈이 많은 사람과 적은 사람이 경쟁할 수 있도록 해줍니다.

부자에게는 하루에 48시간이 주어지고 가난한 사람에게는 12시간이 주어지는 것은 아닙니다. 모든 사람에게 공평하게 하루 24시간, 일주일 7일 그리고 일 년 365일이 주어집니다.

역사상 가장 위대한 시간 레버리지 수단

이제 파이프라인을 만드는 것은 더 이상 부자들의 전유물이 아닙니다. 약간의 시간과 노력을 투입하면 누구나 2~5년 만에 수년 혹은 수십 년간 끊이지 않는 '사람들의 파이프라인'을 만들 수 있습니다.

　사실 우리는 역사상 가장 위대한 시간 레버리지 수단을 곁에
두고 있습니다! 이것은 그 어떤 발명품보다 빠른 시간 내에 엄
청난 숫자의 백만장자를 배출했습니다. 나는 이것을 'e-파이프
라인'이라고 부릅니다. 물론 사람들은 e-파이프라인을 다른 이
름으로 부르고 있습니다. 그 이름은 매일 아침 신문이나 TV 화
면에서 거의 하루 종일 볼 수 있습니다. 그것은 바로 인터넷입
니다.

역사상 가장 위대한 시간 레버리지 수단

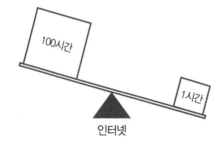

CHAPTER 03

신개념
파이프라인

e-배가
파이프라인

　지금까지 우리는 지속적인 인세수입, 즉 잉여수입을 창출해 주는 파이프라인을 구축하기 위해 시간과 돈을 어떻게 레버리지할 수 있는지 살펴보았습니다. 그러면 이제 새로운 시대에 가장 강하고 생산적인 파이프라인은 무엇인가 하는 의문이 남습니다. 그 답은 바로 인터넷입니다. 한마디로 그것은 e-파이프라인입니다.

　이번 장에서는 역사상 가장 위대한 레버리지 수단을 어떻게 이용할 수 있는지 보여줄 것입니다. 그것은 인터넷을 활용해 50년이 아니라 2~5년 만에 지속적인 인세수입을 창출하게 해줄 파이프라인을 구축하는 법을 말합니다.

인터넷 혁명

　인터넷은 확실히 세상을 급격히 바꿔놓고 있습니다. 제너럴 일렉트릭 사의 전 최고경영자 잭 웰치(Jack Welch)는 《월스트리트〉와의 인터뷰에서 이렇게 말했습니다.

"평생을 비즈니스계에서 일했지만 인터넷보다 더 큰 변화를 겪어본 적이 없다."

참고로 그는 1935년에 태어났습니다. 인텔의 앤디 그로브(Andy Grove) 회장은 좀 더 현실적인 평가를 내렸습니다.

"어떤 회사든 인터넷 기업이 되지 않으면 살아남을 수 없다."

전 세계를 연결하는 인터넷 네트워크

인터넷 파이프라인이 강력한 힘을 발휘하는 이유는 무엇일까?

지금은 전 세계의 수백만 명이 컴퓨터나 이동전화로 서로 연결되어 있습니다. 인터넷에는 하루 24시간, 일주일, 일 년 365일 내내 시공을 초월해 엄청난 세상이 펼쳐지고 있습니다. 그곳에서는 언제든 자신의 의견을 풀어놓거나 제품을 판매할 수 있습니다. 더구나 그것을 사용하는 비용이 거의 공짜나 다름없습니다.

이 얼마나 엄청난 일입니까! 인터넷은 빛의 속도만큼 빠르면서도 그것을 사용하는 데 거의 비용이 들지 않으며 하루 종일 어디에서든 사용이 가능합니다. 이미 세상은 인터넷을 통해 하나로 연결되어 있습니다.

인터넷

30억 인구 접속
전자상거래 = 1조 달러 + 1년

PC   지구

이미 전 세계 인구의 절반에 가까운 30억 명 이상이 온라인상에서 활발하게 활동하고 있습니다. 인터넷에 들어가지 않은 회사는 아예 존립 자체가 위태로운 상황입니다. 아니, 인터넷에 들어가지 않은 기업을 찾는 것이 더 빠를 정도로 지금은 거의 모든 회사가 인터넷에서 치열하게 경쟁을 펼치고 있습니다. 그야말로 이것은 세계적인 인터넷 혁명이라고 할 수 있습니다.

인터넷에도 문제는 있다

인터넷은 거대한 폭풍우 같은 위력을 지니고 있습니다. 그렇다고 완벽한 시스템이라고 할 수는 없습니다. 사실 인터넷에는 커다란 문제가 있습니다. 인터넷의 가장 큰 장점은 동시에 가장 큰 약점이기도 합니다. 즉, 너무 방대하고 복잡하며 혼란스럽고 경쟁이 치열합니다. 무엇보다 첨단기술이 정신없이 난무합니다.

그러다 보니 사람들은 어디서 쇼핑을 해야 할지, 어떻게 하는 것이 현명한 구매인지, 누구를 믿어야 할지 몰라 방황합니다. 이러한 현실적인 문제에 주목하는 전문가들은 전자상거래 사이트가 직면한 주요 과제를 이렇게 설명하고 있습니다.

> ▶ 소비자의 더 많은 이용이 필요하다.
> ▶ 공급자의 더 많은 판매가 필요하다.
> ▶ 더 많은 복제사업(Repeat Business)이 필요하다.

충성스런 고객이 필요한 인터넷

인터넷은 그 공간이 굉장히 방대하기 때문에 고객은 원하는 것을 얻거나 찾기 위해 인터넷에서 많은 시간을 허비합니다. 더불어 전자상거래 업체는 자신의 사이트를 널리 알리고자 온갖 수단을 동원하고 '충성스런 고객'을 확보하기 위한 묘안을 짜내기에 바쁩니다.

실제로 웹사이트에 많이 접속한다고 해서 그것이 곧 수입으로 연결되는 것은 아닙니다. 웹사이트에 접속해 구경만 하고 나가면 일반 소매점에서 눈요기만 하고 물건을 사지 않는 것과 마찬가지입니다. 실제로 쇼핑할 의사가 전혀 없는 고객이 아주 많습니다.

쇼핑 그 자체를 즐기는 고객은 한 쇼핑몰에서 실컷 눈요기를 한 후 곧바로 다른 곳으로 이동합니다. 마찬가지로 웹사이트에 접속해 물건을 구입하지 않는 사람도 구경만 할 뿐입니다. 단순한 접속은 수입으로 연결되지 않습니다.

수입은 판매가 이뤄져야 발생합니다. 그런데 대부분의 전자상거래 업체는 낮은 판매율 때문에 고민하고 있습니다.

대부분의 웹사이트에는 구매자가 정기적으로 방문해 매주 혹은 매달 구매할 필요를 느낄 만한 인센티브가 없습니다. 그것은 대다수 전자상거래 사이트가 고객과의 장기적인 관계를 맺는 일보다 다른 사이트에 비해 더 낮은 가격을 제시하는 일에 골몰하기 때문입니다. 따라서 인터넷 사용자는 보통 일정한 사이트에 대해 충성심이 없습니다.

연결라인을 구축하라!

이미 인터넷이 생활화된 상태에서 고객의 충성심을 이끌어내는 가장 좋은 방법은 무엇일까요? 그것은 바로 고객과 일정한 관계를 형성하는 것입니다. 전자상거래에서 성공적인 위치를 다지려면 사람들과 실질적이고 탄탄하며 장기적인 관계를 맺는 것이 가장 좋습니다. 즉, 인터넷의 하이테크 기술은 대인관계라는 하이터치를 필요로 합니다. 오래전 세계적인 미래학자 존 내이스비트(John Naisbitt)는 이렇게 말했습니다.

"하이테크 기술이 점점 더 발달할수록 우리는 점점 더 많은 하이터치를 필요로 한다."

하이테크 기술이 그 어느 때보다 발달한 오늘날 사람들은 닷컴과 디지털의 기계적인 환경에 따뜻한 휴머니즘을 첨가해 서로 균형을 유지하려 하며 이것은 실제로 필요한 일입니다.

사소한 것 하나만 생각해봅시다.

여러분이 최근에 본 재미있는 영화는 인터넷의 광고를 보고 선택한 것입니까? 아마 여러분은 친구나 친한 사람의 추천으로 그 영화를 보게 되었을 것입니다. 여러분이 좋아하는 웹사이트도 마찬가지입니다. 여러분은 TV 광고나 인터넷상의 광고가 아니라 여러분이 잘 아는 누군가의 추천을 받았을 가능성이 큽니다. 이처럼 입에서 입으로 전달되는 광고를 구전광고라고 합니다. 이것은 광고 중에서도 가장 효과가 뛰어난 유형입니다.

사실 사람들은 사람과 상대하기를 좋아합니다. 즉, 사람들은 하이터치 관계를 믿고 이것을 존중합니다. 여러분도 그럴 것입니다. 사람들과의 관계는 인터넷의 가장 큰 문제인 고객 충성심 부족을 해결해줍니다.

여러분은 알게 모르게 매일 상품과 서비스를 무료로 추천하고 있습니다. 그리고 사람들은 여러분의 추천을 받아 쇼핑을 하고 상품을 구매합니다. 만약 여러분이 그런 추천을 통해 돈을 벌 수 있다면 어떨까요? 그야말로 기막힌 발상이 아닙니까? 실제로 여러분은 그런 일을 하고 또 그 일을 통해 돈을 벌 수 있습니다. 여러분이 시간과 대인관계를 레버리지해 전자상거래 사이트에 충성스런 고객이 생기게 하는 동시에 지속적인 인세수입을 안겨주는 파이프라인을 구축하면 됩니다. 이것이 바로 윈윈 (Win-Win) 전략입니다. 다시 말해 전자상거래 사이트는 더 많은 충성스런 고객을 확보하고 여러분은 여러분이 좋아해서 사용하는 상품 및 서비스를 추천해 돈을 버는 것입니다.

나는 이것을 '신개념 파이프라인'이라고 부릅니다. 그 신개념 파이프라인이 지금 여러분의 선택을 기다리고 있습니다.

신개념 파이프라인

전자상거래에 좋은 점   여러분에게 좋은 점

단지 소개만 하라

그러면 신개념 파이프라인은 어떻게 만들어야 하는지 그 기본적인 시스템을 살펴봅시다.

먼저 여러분은 e-비즈니스 회사와 협력관계를 맺습니다. 그 관계에서 여러분이 할 일은 다른 사람들에게 소개하는 것입니다. 즉, 사람들이 그 회사의 사이트로 가도록 추천하는 것이 여러분이 해야 할 일입니다. 그러면 e-비즈니스 회사는 여러분의 소개를 받아 발생한 상품 및 서비스의 유통에 대해 해당 커미션을 지급합니다.

이때 전자상거래 기업은 기술적인 부분을 도맡아 해결합니다. 구체적으로 웹사이트 제공, 온라인 주문, 상품 배송, 신용카드 처리 등의 일을 담당합니다. 그리고 e-비즈니스 회사는 여러분에게 소개 수수료를 지급하는 대신 웹사이트에 계속 접속해 상품 및 서비스를 구매하는 충성스런 고객을 확보합니다.

이것은 서로에게 이익을 주는 윈윈 전략입니다. 회사는 충성스런 고객이 부족하다는 문제를 해결하고 여러분은 지속적인 인세수입, 즉 잉여수입을 안겨줄 파이프라인을 구축하는 것입니다. 여러분은 소개나 추천만 하면 그만입니다. 그 나머지는 e-비즈니스 회사에서 담당합니다. 이 얼마나 단순한 일입니까!

이러한 파이프라인을 구축하면 여러분은 특별한 기술 없이도 지속적으로 들어오는 인세수입을 얻게 됩니다. 그 파이프라인을 구축하는 방법은 간단합니다. 늘 해오던 대로 사람들에게 우수한 상품과 서비스를 소개하는 것이 전부입니다. 즉, 여러분이 써보고 '좋다'고 생각하는 상품과 서비스를 알려주는 것입니다. 더불어 사람들이 광활한 인터넷에서 방황하지 않도록 도와주고 그 대가로 돈을 벌면 됩니다.

이 신개념 파이프라인으로 여러분은 과연 얼마나 벌 수 있을까요?

그것은 어디까지나 여러분에게 달려 있습니다. 여러분이 많은 사람에게 소개하면 할수록 여러분의 인세수입도 그만큼 늘어납니다. 실제로 수만 건 아니, 수십만 건에 달하는 소개로 엄청난 인세수입을 올리는 사람도 결코 적지 않습니다.

이 말을 듣고 '아니 한 사람이 어떻게 수만 명, 수십만 명에게 상품과 서비스를 소개할 수 있느냐'고 의문을 표시하는 사람이 있을지도 모릅니다. 심지어 아예 '불가능한 일'이라고 단정하는 사람도 있을 것입니다.

물론 여러분이 '배가의 원리'라는 마법 공식을 이용하지 않으면 그것은 거의 불가능합니다. 하지만 그 배가의 위력 덕분에 그것은 충분히 가능합니다. 그러면 왜 아인슈타인이 배가의 원리를 '세계 8대 불가사의'라고 했는지 알아봅시다.

e−배가의 잠재력

앞에서 얘기한 고대 중국의 황제와 체스를 발명한 사람을 기억하십니까? 체스를 발명한 사람은 즐거운 게임을 제공한 대가로 단 한 톨의 쌀을 원했지만 여기에 한 가지 조건을 걸었습니다. 체스 판의 칸마다 쌀알을 배로 늘려줄 것을 주문한 것입니다.

단 한 톨로 시작하는 것을 우습게 생각한 황제는 그 조건을 흔쾌히 받아들였으나 결국 그 양이 전 세계에 있는 쌀의 10배보다 많다는 것을 알게 되었습니다. 이 이야기는 배가의 원리가 얼마나 강력한 힘을 지니고 있는지 단적으로 보여줍니다.

만약 배가의 원리가 전자상거래와 결합하면 어떻게 될까요? 그것은 곧 'e-배가'가 됩니다.

배가의 위력

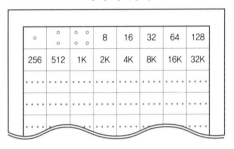

			8	16	32	64	128
256	512	1K	2K	4K	8K	16K	32K

그러면 e-배가가 지닌 잠재력을 생각해봅시다. 배수로 늘어나는 배가의 원리가 인터넷의 속도 및 범위와 결합하면 엄청난 결과가 나타날 수밖에 없습니다. 이는 가히 상상을 초월할 정도입니다. 내가 e-배가를 신개념 파이프라인이라고 부르는 이유가 여기에 있습니다. 여러분은 인터넷을 통해 시간 및 사람과의 관계를 배가하면서 돈을 벌 수 있습니다. 즉, e-배가를 통해 큰 돈을 들이지 않고 팜비치 파이프라인의 결과를 얻게 됩니다.

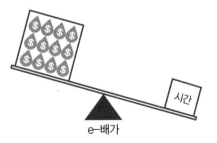

신개념 파이프라인 레버리지하기

시간

e-배가

이제 여러분의 돈을 레버리지하는 대신 시간 및 사람과의 관계를 레버리지해서 신개념 파이프라인을 구축하십시오. 이제 그 파이프라인을 어떻게 구축해야 하는지 알아봅시다.

마법의 공식

여러분은 e-비즈니스 회사의 상품 및 서비스를 소개해 한 달에 한 명을 새로운 e-비즈니스 사업에 참여시킬 수 있습니까? 이는 좀 더 나은 시간적, 경제적 여유로움을 원하는 파트너를 구하는 일입니다. 그런 사람을 한 달에 한 명만 찾으면 됩니다.

e-배가 첫째 달

당신

여러분의 파트너 1

만약 여러분이 새로운 사람을 사업 파트너로 참여시키면 여러분은 그 사람의 스폰서가 됩니다. 이때 여러분은 사업 파트너가 될 두 번째 사람을 물색하면서 첫 번째 파트너에게 그의 친구나 아는 사람과 파트너가 되는 방법을 가르쳐줍니다. 그러면 두 번째 달이 끝나갈 무렵 여러분은 두 명의 사업 파트너를 두고 동시에 여러분의 첫 번째 파트너도 여러분의 네트워크에 새로운 사람을 데려옵니다.

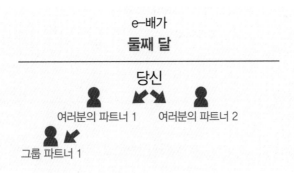

이제 여러분의 그룹에서는 여러분과 다른 세 사람으로 구성된 네 명이 활동합니다. 만약 여러분이 매달 더 많은 사람과 파트너 관계를 맺으면 e-배가 네트워크를 더 빨리 구축할 수 있습니다. 그러나 너무 서둘지 말고 천천히, 꾸준히 가겠다는 결심을 하십시오.

이후 여러분은 다음의 과정을 밟습니다. 매달 한 명이 여러분의 파트너가 되었다면 한 해가 끝날 무렵에는 열두 명의 파트너가 있을 것입니다. 그 열두 명이 각각 매달 새로운 한 사람과 파트너가 되었다고 해봅시다.

이 경우 마법처럼 배가의 원리가 작용합니다. 일 년이 지났을 때 여러분의 그룹에는 무려 4,096명의 독립 사업자가 열심히 활동하고 있을 것이기 때문입니다.

e-배가
열두째 달

당신

◀◀◀◀◀◀▶▶▶
1 2 3 4 5 6 7 8 9 …

◀◀◀◀◀◀▶▶▶
1 2 3 4 5 6 7 8 9 …　　**총: 4,096명**

이제부터 좀 더 흥미로운 얘기를 해봅시다. e-비즈니스 회사는 여러분의 그룹에서 발생한 전체 매출액 중 일정 비율을 여러분에게 추천 및 소개의 대가로 지불합니다.

예를 들어 여러분의 그룹에 한 달 평균 100달러어치를 구입하는 사람이 400명 정도 있다면 전체 매출액은 40만 달러입니다. 한 달에 무려 40만 달러라는 얘기입니다! 이때 여러분의 전자상거래 파트너, 즉 e-비즈니스 회사가 매출액의 1~3퍼센트를 여러분에게 대가로 지급하면 여러분은 한 달에 4,000~1만 2,000달러를 벌게 됩니다.

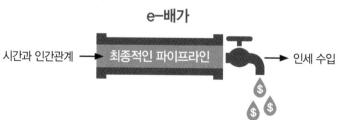

이런 이유로 내가 배가의 원리와 결합한 e-비즈니스를 신개념 파이프라인이라고 하는 것입니다. 이것은 배가의 기하급수적인 성장이 전자상거래의 편리함을 만나 엄청난 파급 효과를 내는 시스템입니다. 이 신개념 파이프라인은 지속적으로 이윤을 창출할 뿐 아니라 파블로처럼 여러분의 돈 대신 시간을 레버리지한다는 특징이 있습니다.

특별한 노하우가 필요치 않다

e-배가 비즈니스는 시작하는 데 많은 돈이 필요치 않습니다. 몇 십 년 동안 파이프라인을 만들어야 하는 것도 아니고 몇 달에서 몇 년만 노력하면 됩니다.

더구나 특별한 노하우가 필요한 것도 아닙니다. 여러분이 늘 해오던 대로 다른 사람에게 e-비즈니스를 소개하는 것이 전부입니다. 그 대가로 여러분은 돈을 법니다. 여러분이 말할 수 있거나 마우스를 클릭할 수만 있으면 시간 및 사람과의 관계를 신개념 파이프라인을 구축하는 데 사용할 수 있습니다.

배가의 원리를 모방하면 여러분은 신개념 파이프라인을 구축할 수 있습니다. 여러분의 돈을 배가하는 대신 여러분의 시간 및 사람과의 관계를 배가하십시오. 그러면 아주 적은 돈과 시간을 투자해 팜비치 파이프라인을 구축할 수 있습니다. 이 개념을 일찍 깨달은 사람들은 이미 오래전부터 신개념 파이프라인을 구축하기 위해 바쁘게 움직이고 있습니다. 팜비치 파이프라인으로 전 세계 수십만 명이 이미 부자가 되어 풍요로운 삶을 누리고 있습니다.

하지만 그들은 많은 돈이 아니라 시간을 레버리지합니다! 여러분은 결코 여러분이 구축한 파이프라인의 혜택을 보기 위해 50년이나 기다릴 필요가 없습니다. 사실은 파이프라인을 구축하기 위해 움직이는 첫 달부터 수익을 올릴 수도 있습니다.

정말로 굉장하지 않습니까!

레버리지의 두 가지 유형

부자들은 돈을 레버리지한다

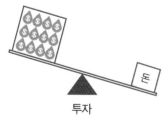

돈

투자

보통 사람들은 시간을 레버리지한다

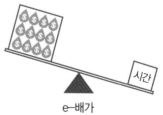

시간

e—배가

신개념 비즈니스 모델

게리 해멀(Gary Hamel)은 자신이 두 번째 저서 《꿀벌과 게릴라(Leading the Revolution)》에서 이렇게 말하고 있습니다.

"하이테크 세상에서는 산업혁명을 일으킬 수 있는 기업만 살아남는다."

그와 함께 해멀은 오늘날의 기업은 상품과 서비스가 아니라 혁신적인 비즈니스 아이디어 개발 능력으로 경쟁한다고 주장하고 있습니다.

보다 나은 비즈니스 개념을 만들어내는 것은 전혀 새로운 것이 아닙니다. 한 가지 예를 들어봅시다. 헨리 포드의 혁신적 비즈니스 아이디어는 '모든 근로자가 구입할 수 있는 자동차를 만드는 것'이었습니다. 그래서 포드는 모든 사람의 필요에 맞는 자동차를 만들었습니다. 즉, 그는 '모델 T'를 발명해 소비자의 욕구를 충족시켜주었습니다. 제너럴모터스의 전 CEO 알프레드 슬로안(Alfred Sloan)은 이런 포드의 아이디어를 좀 더 발전시켰습니다. 그는 '고객은 왕'이라는 슬로건을 받아들여 개인의 필요와 취향에 맞는 다양한 방법을 고안한 것입니다. 유명한 슬로안의 슬로건은 이렇습니다.

"모든 목적과 주머니 사정에 맞는 자동차!"

이 아이디어 덕분에 제너럴모터스는 포드를 추월했고 세계적인 자동차 회사로 거듭났습니다.

전자상거래가 날개를 달다

e-배가는 제너럴모터스처럼 본래의 전자상거래 개념을 한 차원 더 발전시킨 것입니다. 즉, 새로운 고객을 끌어들이고 그들의 충성심을 강화하는 보다 나은 방법입니다. 다시 말해 e-배가는 어느 만화에 나오는 다섯 살짜리 꼬마가 동생에게 나비가 어디서 오는지 설명해주는 장면을 떠올리게 합니다.

"나비는 새롭게 태어난 애벌레야."

마찬가지로 e-배가는 새롭게 태어난 전자상거래입니다! 입소문을 기초로 하는 마케팅과 소개 수수료, 배가의 위력이 없었다면 전자상거래는 아마 고치 안에서 나오지 못했을 것입니다.

나아가 e-배가는 날개를 단 전자상거래가 어디든 마음껏 날아가도록 더 나은 방법을 제시하고 있습니다. 덕분에 소개를 기초로 하는 인터넷 기업은 나날이 번창하고 있습니다. 한마디로 e-배가는 모든 목적과 주머니 사정에 맞는 파이프라인입니다.

어쩌면 여러분은 좀 더 멋진 크리스마스를 준비할 만한 여유를 누리고 싶을지도 모릅니다. 비전 없는 직장에서 벗어나 원하는 인생을 누리게 해줄 신개념 파이프라인을 만들고 싶을 수도 있습니다. 여러분의 목적이 매달 버는 약간의 추가 수입일 수도 있고 백만장자가 되는 것일 수도 있습니다. 어쨌든 e-배가는 여러분의 목적과 꿈을 실현해줄 궁극적인 파이프라인입니다. 그것을 얼마나 크게 만들 것인가는 여러분에게 달려 있습니다.

어떤 궁극적인 파이프라인을 원하는가?

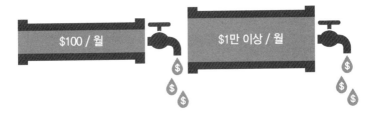

50년 파이프라인과
5년 파이프라인

파이프라인과 관련해 오래된 교훈이 있습니다. 여기에는 두 가지 중요한 교훈이 담겨 있는데 이를 통해 여러분 자신을 돌아보기 바랍니다.

조는 수년 동안 좋아하지도 않는 일을 보수도 변변치 않게 받으며 일을 해왔습니다. 그래도 조는 은퇴 이후의 여유로운 삶을 위해 모든 괴로움을 참고 적은 돈일망정 열심히 저축을 했습니다. 야간근무나 주말근무까지 하면서 자신의 파이프라인을 키우기 위해 노력한 것입니다. 그렇게 50년이 흐른 후 드디어 그는 경제적인 여유를 찾았습니다.

일흔 살이 된 조는 경제적 여유를 누리게 된 기쁨을 안고 평생 꿈꿔온 스쿠버 다이빙을 즐기며 세계를 여행하기로 결심했습니다. 조는 다이빙 교육을 받고 장비를 구입하는 데 어렵게 번 돈 수천 달러를 지불했습니다.

그리고 하와이로 날아간 그는 그곳에서 가장 아름다운 산호초 지역으로 다이빙을 하러 갔습니다. 그는 마침내 꿈을 실현하게 되었다는 기쁨에 만세라도 부르고 싶은 심정이었습니다. 값비싼 잠수복, 특별 제작한 알루미늄 산소 탱크, 독일제 수중 카메라, 방수 펜, 수중 노트 등으로 중무장한 그는 무지갯빛 산호초 밑을 수영하면서 이국적인 장면을 카메라에 담았습니다.

평생 이런 다이빙을 꿈꿔온 그는 어렵게 모은 수만 달러를 그 꿈을 위해 썼습니다. 물론 수중 다이빙은 그에게 그만한 값어치가 있는 일이었습니다.

'기다린 보람이 있군. 정말 완벽해!'

그때 사방을 둘러보던 그는 갑자기 수영복만 입고 밑으로 내려가는 한 남자를 보고 충격을 받았습니다. 그는 다급하게 수중 노트에 메시지를 쓴 다음 열심히 그에게로 다가가 어깨를 툭툭 쳤습니다. 그리고 잔뜩 인상을 쓰며 그 메모를 상대방에게 보여 주었습니다.

"나는 스쿠버다이빙 장비를 구입하기 위해 수천 달러를 썼소. 그런데 당신은 수영복만 입고 여기에 들어왔으니 어찌된 일이오?"

그러자 그 남자는 노트에 이렇게 썼습니다.

"나는 지금 물에 빠져 죽는 중입니다"

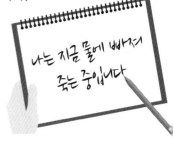

겉모습이 중요한 것은 아니다 ———

여기서 우리가 배워야 할 첫 번째 교훈은 겉으로 보이는 게 전부가 아니라는 점입니다. 조는 남자가 여유 있게 다이빙을 즐기는 것이라고 생각했습니다. 그것도 자신은 값비싼 대가를 치렀는데 그는 너무 적은 대가를 치르고 그 즐거움을 누리는 것으로 착각했습니다. 그러나 그것은 사실이 아니었습니다. 사실 그 남자는 물에 빠져 죽는 중이었던 것입니다.

겉모습을 화려하게 치장한 사람을 보면 흔히 굉장히 부유할 거라고 생각합니다. 롤렉스시계를 차고 국제적으로 이름난 디자이너가 만든 옷을 입은 사람은 경제적으로 여유로운 것처럼 보이지만 그들 중 많은 사람이 빚더미에 올라앉아 있습니다.

《이웃집 백만장자》의 저자 토머스 스탠리와 윌리엄 댄코는 자료 조사차 인터뷰를 하기 위해 순자산이 100만 달러에 이르는 부자들이 사는 동네를 찾아갔습니다. 그런데 이들은 얼마 지나지 않아 큰 집과 자동차를 소유한 이들 중 상당수가 그만한 재산을 갖고 있는 게 아님을 알게 되었습니다. 왜 그럴까요? 그들은 번 돈의 일부를 파이프라인을 구축하는 데 사용하지 않고 사치스런 생활을 유지하느라 낭비하기 때문입니다.

모자는 크지만 소는 없다

큰 물통 큰 지출

스탠리와 댄코는 이러한 부자를 가리키는 적당한 속담을 생
각해냈습니다.

"카우보이모자가 크다고 소가 많은 것은 아니다."

참으로 기막힌 비유가 아닙니까?

50년 파이프라인 계획

조의 이야기의 두 번째 교훈은 그의 재정 계획과 관련된 것
입니다. 조의 50년 파이프라인 계획은 장점과 단점을 모두 보
여줍니다.

먼저 장점부터 살펴봅시다. 50년 파이프라인 계획은 확실히
성취할 수 있습니다. 오랫동안 매달 주식에 소액을 투자하거나
저축하는 것은 소박하지만 경제적으로 자립하는 확실한 길입니

다. 여기서 핵심은 오랜 기간 정기적으로 투자하고 시간이 흐를수록 그것이 배가되도록 그대로 묻어두는 것입니다.

다시 말해 일찍 투자를 시작해 자신의 파이프라인 계획을 그대로 따르면 한 달에 100달러씩 저축해도 백만장자가 될 수 있습니다. 말도 안 된다고요? 다음의 표를 보십시오.

65세까지 100만 달러를 모으는 법

(연이율: 12퍼센트)

시작 연령	매일 저축	월 저축	연 저축	100만 달러를 모으는 횟수
25세	$3.57	$109	$1,304	40년
35세	$11.335	$345	$4,144	30년
45세	$38.02	$1,157	$13,879	20년
55세	$156.12	$4,749	$56,984	10년

출처: 《현명한 투자자》, 닐 T. 엘무치

이 표가 보여주듯 일찌감치 장기적인 파이프라인을 구축하기 시작하면 확실히 백만장자가 될 수 있습니다. 최저생계비 이상을 버는 사람이면 누구나 가능합니다.

예를 들어 12퍼센트의 이율로 뮤추얼펀드에 매일 3.57달러만 투자해도 40년이면 배로 늘어납니다. 간단한 비유를 들어봅시다.

미국인 세 명 중 한 명이 담배를 피웁니다. 플로리다에서 담배

한 갑은 보통 3.57달러인데 모든 사람이 스물다섯 살에 담배를 끊고 그 돈을 투자해 40년간 증식시키면 미국인의 3분의 1이 예순다섯 살 무렵 모두 백만장자가 됩니다.

이 얼마나 놀라운 일입니까? 혹시 여러분이 스물다섯 살이었을 때 누군가가 그 말을 해줬다면 하고 땅을 치고 있지는 않습니까? 그럴 것 없습니다. 서른다섯 살에서 마흔다섯 살 사이에 있더라도 얼마든지 백만장자가 되는 파이프라인을 구축할 수 있습니다. 하지만 쉰다섯 살까지 기다렸다가 은퇴 이후를 위해 저축하면 파이프라인을 구축하는 것이 쉽지 않을 것입니다.

투자하지 않으면 미래가 위험하다

아직도 주식 투자를 부정적으로 보거나 위험하다고 생각하는 사람이 많습니다. 물론 그렇습니다. 왜냐하면 주식은 떨어질 가능성도 있기 때문입니다. 어떤 경우에는 전체 주식 시장이 폭삭 주저앉기도 합니다. 사람들을 가장 아찔하게 만든 순간은 아마 1929년이었을 겁니다. 그러나 월스트리트의 귀재들은 하나같이 말합니다.

"장기적으로 볼 때 주식 투자가 가장 쉽고 확실하게 이윤을 내는 파이프라인을 구축하는 길이다."

사실 이 주장에는 일리가 있습니다. 뉴욕 주식 시장이 거래를 해온 지난 200년 동안 주가는 평균 나흘 중 이틀은 올랐습니다. 제2차 세계대전 이후 55년 동안 아홉 차례나 경기 후퇴가 있었음에도 불구하고 주식 시장은 71배 성장했습니다.

제레미 시겔(Jeremy Siegel)이 저술한 《주식 투자 바이블(Stocks for the long run)》을 보면 1802년부터 1997년까지 195년 동안 금에 투자한 1달러는 11.7달러로 늘어났지만 주식에 투자한 1달러는 750만 달러로 증식했다고 합니다.

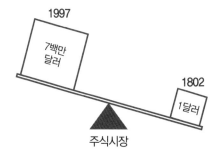

아무튼 투자하십시오. 50년 계획을 세워 파이프라인을 구축하는 것도 올바른 태도입니다. 그렇지 않습니까! 실제로 많은 사람이 몇 개의 50년짜리 파이프라인을 한꺼번에 구축하고 있습니다. 이를테면 집과 연금은 장기적인 파이프라인 중 하나입니다. 하지만 너무 많은 사람이 이 두 가지 파이프라인에만 매달리는 것 같아 안타깝습니다.

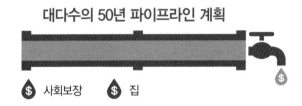

대다수의 50년 파이프라인 계획

$ 사회보장 $ 집

현명한 사람들은 투자 포트폴리오를 통해 연금, 개인퇴직적립금 등 추가적인 파이프라인을 구축합니다. 이것은 모두 좋은 파이프라인이며 미래를 위한 파이프라인 구축하기 원칙에 충실한 사람들이 많이 선택합니다.

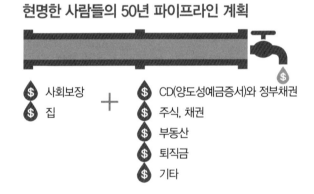

현명한 사람들의 50년 파이프라인 계획

$ 사회보장   + $ CD(양도성예금증서)와 정부채권
$ 집 $ 주식, 채권
                    $ 부동산
                    $ 퇴직금
                    $ 기타

50년 파이프라인의 단점

장기적인 파이프라인을 만드는 사람도 많지만 대개는 20년, 30년, 40년, 50년을 기다리기보다 현재의 파이프라인에서 이윤을 얻고자 합니다. 물론 나도 그렇습니다. 나 역시 50년 후보다는 지금 당장 즐거움을 누리고 싶습니다. 그렇다고 장기적인 파이프라인의 이점을 부정하는 것은 아닙니다. 실제로 나는 몇 개의 장기적인 파이프라인을 구축하고 있습니다. 그러기 위해 스스로 절제하고 있으나 사실은 저축하기보다 쓰고 싶은 마음이 간절합니다. 솔직히 내 마음에 드는 것은 무엇이든 갖고 싶습니다. 아마 여러분도 마찬가지일 겁니다.

나는 일류 식당에서 가족과 분위기를 내며 맛있는 음식을 먹고 싶습니다. 또한 가족과 스키 여행이나 유람선 여행을 떠나고 싶습니다. 물론 나는 가끔 이런 여행을 즐기며 가족과 많은 추억거리를 만들고 있습니다.

나는 새 차에서 나는 냄새를 좋아합니다.

나는 소형차보다 대형차를 더 좋아합니다.

나는 요금에 구애받지 않고 언제든 휴대전화를 쓰고 싶습니다.

나는 최신 영화를 개봉 직후 20달러에 보고 싶지 3개월 후 3달러에 비디오로 보고 싶지는 않습니다.

그렇다면 결론을 내려 봅시다.

장기적인 파이프라인은 여유로운 은퇴 생활을 원하는 사람에게 반드시 필요합니다. 그리고 그런 이유로 많은 사람이 장기적인 파이프라인을 구축합니다. 그렇다면 현실을 생각해봅시다. 파이프라인의 덕을 보기 위해 정말로 50년을 기다리고 싶습니까? 나는 그렇지 않습니다. 물론 나는 은퇴 이후의 여유로운 생활을 위해 기꺼이 장기적인 파이프라인을 구축할 것입니다. 그렇다고 그러기 위해 50년 동안 마치 수도사처럼 생활하고 싶지는 않습니다.

나는 한 살이라도 젊을 때 또 아이들과 함께할 수 있는 순간에 내 꿈을 이루고 싶습니다. 조가 평생의 꿈이던 스쿠버다이빙을 일흔 살에 이루었듯 예순다섯 살에서 일흔 살까지 기다렸다가 내 꿈을 이루고 싶지는 않습니다. 이것은 아마 여러분도 마찬가지일 것입니다.

한 손에는 들고 다른 한 손으로는 먹어라

여러분은 최소한 한 가지 이상의 장기적인 파이프라인을 구축해야 합니다. 그러나 그것이 여러분의 유일한 파이프라인이어서는 안 됩니다. 우리가 투자 원칙을 말할 때 흔히 비유하듯 모든 계란을 한 바구니에 담으면 안 되는 것입니다.

예를 들어 5년 계획의 파이프라인을 생각해봅시다. 이 경우 파이프라인의 포트폴리오를 다양화하는 것은 물론 꿈을 이루기 위해 60대나 70대까지 기다릴 필요 없이 당장 꿈을 이룰 수도 있습니다. 다시 말해 한 손으로 떡을 들고 다른 손으로는 떡을 먹을 수 있습니다!

여러분은 50년 후가 아니라 5년 후에 시간적, 경제적으로 여유롭게 살고 싶지 않습니까? 물론 그럴 것입니다. 누가 느긋하고 여유로운 삶을 싫어하겠습니까? 내가 50년 파이프라인을 구축하는 동안 5년 파이프라인을 구축하라고 하는 이유가 여기에 있습니다.

파이프라인의 두 가지 타입

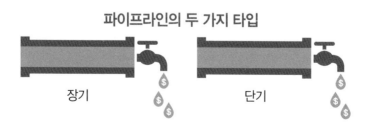

장기　　　　단기

신개념 파이프라인, 즉 e-배가는 50년이 아니라 2~5년 안에 파이프라인을 구축하도록 도와줍니다. 더구나 이것은 몇 십 년이 아닌 몇 달 안에 이익을 낼 수 있습니다. 여러분은 부업으로 그 파이프라인을 구축할 수도 있습니다. 즉, 저녁이나 주말에 틈틈이 시작해 전업으로 해도 좋을 만큼 이익을 얻을 때까지 자신의 상황에 맞춰 서서히 진행할 수 있습니다.

　신개념 파이프라인으로 50년 파이프라인을 만드는 기간의 절반의 절반도 안 되는 시간에 상수리나무의 꼭대기까지 갈 수 있다는 사실을 생각해보십시오. 무엇보다 좋은 것은 5년 파이프라인을 만드는 데 많은 돈을 투자할 필요가 없다는 점입니다. 여러분이 할 일은 시간 및 사람들과의 관계를 레버리지하는 것뿐입니다!

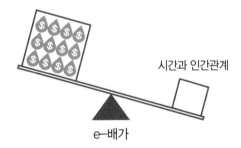

현재를 살되 미래를 계획하라

몇 년 전 아버지는 내게 몇 가지 조언을 해주었는데 특히 이 말은 한 번도 잊은 적이 없습니다.

"현재를 살되 미래를 계획하라!"

나는 이 말을 내 아이들에게 자주 들려줍니다. 여러분도 50년 파이프라인을 구축하는 동시에 5년 파이프라인을 구축하면 내 아버지의 현명한 조언을 따를 수 있습니다. 특히 e—배가를 통한 5년 파이프라인 계획은 몇 달 내에 노력의 대가를 얻게 해주므로 현재를 사는 것이 가능합니다. 그와 더불어 미래를 위한 50년 파이프라인을 구축하십시오. 나는 늘 사람들에게 장기적인 파이프라인과 단기적인 파이프라인을 동시에 구축하라고 조언합니다.

파이프라인은 여러분의 생명선

내 아버지가 '현재를 살되 미래를 계획하라' 라는 조언을 해주었을 때, 여기에는 '파이프라인은 생명선이다. 그러니 물통을

나르는 사람이 되지 말고 파이프라인을 구축하는 사람이 되어라' 라는 뜻이 들어 있었습니다.

나는 오늘도 그 위대한 조언을 따르고자 최선을 다하고 있습니다.

파이프라인 우화

THE
PARABLE
OF THE
PIPELINE

제자리
찾기

   2000년대 초반 최첨단 기계와 두뇌가 번뜩이는 실리콘 밸리에 두 명의 야심만만한 젊은이가 있었습니다. 그들은 폴과 브루스로 둘 다 전 세계에 전기와 수도 시설을 공급하는 다국적 기업, 시스턴 인터내셔널에서 중간 경영자로 근무하고 있었습니다.

   둘도 없이 친한 두 사람에게는 제각각 원대한 꿈이 있었습니다. 그들은 만날 때마다 '언제 어떻게 시간적, 경제적으로 여유롭게 살아갈지' 이야기를 나눴습니다. 둘 다 현명하고 성실했기에 그들에게 필요한 것은 오로지 기회뿐이었습니다.

   그러던 어느 날 마침내 기회가 찾아왔습니다. 회사에서 그들을 시스턴 국제 소프트웨어 부서 책임자로 발령을 낸 것입니다. 덕분에 그들은 월급이 두 배로 올랐습니다. 브루스는 기뻐서 어쩔 줄을 몰라 했습니다.

   "이제 우리의 꿈을 이뤘어. 세상에, 내게 이런 행운이 찾아오다니!"

하지만 폴은 그 자리에 대한 확신이 없었습니다. 부서 책임자가 된 첫날, 10시간이나 일에 매달린 폴은 허리가 아팠고 소프트웨어 맞춤제작 때문에 손가락 끝에 물집이 잡힐 정도로 고된 하루를 보내야 했습니다. 여기에다 부하직원 50명은 대부분 비협조적이었고 그다지 의욕적이지도 않았습니다. 한 번 출장을 갈 때마다 몇 주일씩 해외지사를 돌아봐야 하는 것도 끔찍한 일이었습니다. 더 큰 문제는 그의 상사가 변덕이 심하고 무례하며 강압적이라는 점이었습니다.

폴은 아침에 일어나 회사에 가는 것 자체가 고통스러웠습니다. 결국 폴은 더 나은 삶을 찾아보기로 마음먹었습니다.

폴의 아이디어

어느 날 폴은 자리에 앉아 컴퓨터를 켜기 전에 브루스에게 말을 건넸습니다.

"브루스, 내게 좋은 생각이 있어. 우리 시간과 재능을 회사에 몽땅 바치면서 아까운 청춘을 다 보내지 말고, 말을 듣지 않는 부하직원을 관리하느라 스트레스를 받지 말고 인터넷을 이용해서 인세수입을 벌어보자."

"무슨 소리야?"

"이렇게 직장에 얽매여 있는 것은 물통을 나르는 것이나 마찬가지야. 물을 한 통 나르고 그만큼의 봉급을 받는 거지. 만약 우리가 아프거나 일자리를 잃을 경우에는 일을 못할 거고 그러면 월급도 사라져."

폴은 고개를 갸웃거리는 브루스를 바라보며 말을 이었습니다.

"우리에게는 지속적인 인세수입이 필요해. 그 인세수입은 파이프라인을 구축하는 것과 같지. 즉, 한 번 일하고 나서 지속적으로 돈을 버는 거야. 이제 우리는 물통을 나르는 사람이 아니라 파이프라인을 구축하는 사람처럼 생각하고 행동해야 돼."

브루스가 별다른 반응이 없자 폴은 말을 계속했습니다.

"전에 나와 함께 일하던 사람이 인터넷상에서 파이프라인을 구축하는 법을 가르쳐주고 있어. 그건 전자상거래와 결합한 것이라 신개념 파이프라인이라고 부른대. 거기에 엄청난 위력이 있는 것 같아. 자기사업이라 집에서 일할 수 있고 별다른 투자비용이 드는 것도 아니라고 하더군. 종업원이나 재고도 없고. 어때? 간단하지! 더구나 우리가 재능을 발휘할 수 있는 웹상에서 하는 일이고 지속적인 인세수입을 올릴 수 있단 말이야."

궁극적인 파이프라인

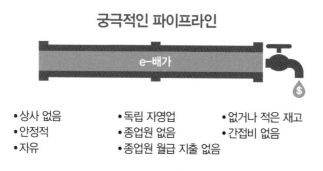

- 상사 없음
- 안정적
- 자유
- 독립 자영업
- 종업원 없음
- 종업원 월급 지출 없음
- 없거나 적은 재고
- 간접비 없음

하지만 브루스는 폴의 얘기에 별로 관심이 없는 것 같았습니다.

"인터넷상의 파이프라인이라고? 그런 말은 들어본 적도 없어! 괜히 쓸데없는 일에 신경 쓰지 말고 일이나 열심히 해. 직업도 안정적이고 월급도 이 정도면 만족스럽잖아."

"아니, 브루스!"

"그만해. 우리는 주말에 쉴 수 있고 일 년에 2주일의 유급휴가를 즐길 수도 있어. 평생 일할 수 있으니까 신개념 파이프라인 같은 소리는 두 번 다시 하지 마!"

폴은 쉽게 물러나지 않았고 인내심을 발휘해 친구에게 인터넷상의 파이프라인 구축하기에 대해 차근차근 설명을 했습니다. 그리고 폴은 직장생활을 하는 틈틈이 저녁과 주말 시간을 이용해 인터넷상에서 파이프라인을 구축하기 위해 노력했습니다.

물론 폴은 그 파이프라인에서 큰 수익을 내려면 1년이나 2년의 시간이 필요하다는 것을 알고 있었습니다. 그래도 자기사업을 해야 꿈을 실현할 수 있다고 생각한 폴은 열심히 노력하겠다는 결심을 다졌습니다.

작은 투자 큰 이익

퇴근한 브루스가 저녁과 주말에 느긋하게 쉬고 있을 때 폴은 파이프라인을 구축하기 위해 노력했습니다. 처음 몇 달 동안에는 눈에 띌 만한 성과가 나지 않았습니다. 더구나 웹 파이프라인 사업은 그에게 생소한 것이었습니다.

그는 부지런히 배웠고 그것을 다른 사람에게 열심히 가르쳤습니다. 매일 자신의 멘토와 대화하는 것은 물론 주말 교육반에 들어가 사업 기술을 익혔습니다. 그뿐 아니라 자기계발을 위해 책을 읽었고 멘토가 추천하는 테이프도 들었습니다. 그는 사람을 사귀는 법이나 동기부여를 하는 법, 꿈을 일깨우는 법 등을 배웠습니다. 더불어 사람들의 반대와 저항에 대응하는 법, 사람들이 자신의 좋은 점을 이끌어내도록 가르치는 법도 익혔습니다.

폴은 점점 그 일이 좋아졌고 자신감도 붙었습니다. 즉, 자기 자신과 자신이 누리는 기회, 새로운 비즈니스 파트너에게 믿음이 생긴 것입니다. 이것은 폴에게 낯선 분야였지만 지식과 자신감이 늘어나면서 그의 인터넷 파이프라인은 점점 커져갔습니다.

폴은 '내일의 꿈은 오늘의 희생 위에 실현된다'는 말을 가슴에 새기며 매일 한 번에 하나씩 파이프라인을 구축했습니다. 그리고 "내 꿈이 크면 현실은 그리 중요치 않아"라고 스스로를 격려하면서 새로 사업 파트너가 될 만한 상대에게 전화를 걸었습니다.

그는 매일, 일주일, 한 달의 목표를 정할 때 '단기 투자는 장기적인 수익을 낳는다'는 말을 되새겼습니다. 그리고 시간이 지날수록 노력에 비해 결과물이 훨씬 더 크리라는 것을 믿었습니다. 잠들 때마다 성공한 사업자가 제작한 교육 테이프를 들은 그는 '미래의 비전을 바라보자'라는 생각으로 의욕을 불태웠습니다.

변화된 상황

　몇 달이 흐른 어느 날 폴은 자신의 e-파이프라인이 월급에 상당하는 수익을 내고 있음을 알았습니다. 폴은 직장에서 열심히 일하는 한편 여가 시간을 더욱 생산적으로 활용했습니다. 그리고 부업으로 하는 파이프라인 수입이 전업인 직장에서 받는 봉급보다 더 많아질 날이 그리 멀지 않다는 것을 깨달았습니다.

　브루스는 여전히 종종걸음으로 여기저기 돌아다니며 바쁘게 일하고 있었습니다. 아직도 물통을 나르며 정신없이 시간을 보내고 있었던 것입니다. 사실 브루스는 산더미 같은 업무량, 잦은 야근, 억지스러운 상사, 떠도는 해고 소문 등으로 엄청난 스트레스를 받고 있었습니다.

　주말마다 브루스는 사직서를 썼지만 그것을 내놓지는 못했습니다. 직장을 그만두면 당장 먹고살 길이 막막했기 때문입니다. 그는 자신이 어떤 함정에 빠져 있는 듯한 느낌이 들었습니다. 문제는 심각한데 뭔가 돌파구가 보이지 않아 마음이 공허했던 것입니다. 그의 쓰레기통에는 갈수록 사직서가 수북이 쌓여갔습니다.

직장을 그만두다

그 무렵 폴은 중요한 순간을 맞이했습니다. 드디어 e-파이프 라인 수입이 회사에서 받는 월급보다 많아졌던 것입니다. 그의 아내는 e-비즈니스에서 받은 돈과 월급으로 들어온 돈이 찍힌 통장을 복사해 나란히 액자에 끼워놓았습니다. 폴의 새로운 파 이프라인 파트너들은 이 사실을 알고 모두들 축하의 메시지를 보내왔습니다.

미래의 어느 날

파이프라인의 수입   월급

시스턴 인터내셔널에서 상사에게 위협감을 느끼거나 해고의 위 험에 스트레스를 받지 않는 사람은 폴밖에 없었습니다. e-비즈니 스를 하는 폴은 그런 일에 얽매일 필요가 없었기 때문입니다. 누 구보다 폴 자신이 그 사실을 잘 알았기에 그는 어느 때보다 자신 감이 넘쳐흘렀습니다. 폴은 상사가 감정을 주체하지 못하고 언성 을 높일 때 침착하게 대응했습니다. 상사가 목에 힘을 주며 잔소리 를 늘어놓을 때면 그는 당당히 어깨를 펴고 단호하게 말했습니다.

"그렇게 언성을 높일 필요가 있을까요? 모두들 이곳에 있잖아요. 조용히 얘기하는 게 더 효과적일 거라고 생각지 않으세요?"

동료들은 폴의 그런 태도를 보고 '사자 조련사'라는 별명을 붙여주었습니다. 그러나 폴은 자신이 상사를 길들인다는 생각을 한 번도 한 적이 없었습니다. 그저 자신이 그 상사에게 휘둘릴 필요가 없었기에 당당히 자기주장을 한 것뿐입니다.

어느 날 폴은 책상에 앉아 사직서를 썼습니다.

사 직 서

오늘로 시스턴 인터내셔널에서 사직함을 알려드립니다.
시스턴에서 근무하는 동안 즐거웠고 이 회사를 위해 더 이상
일할 수 없어 유감입니다.

파이프라인 폴 드림

사직서를 봉투에 넣은 폴은 가슴 저 밑바닥부터 해방감이 올라오는 듯한 느낌이 들었습니다. 그는 희망으로 가득한 자신의 미래를 보았던 것입니다. 하지만 폴은 '인터넷 파이프라인은 원대한 자신의 꿈을 실현하는 첫 단계'에 지나지 않는다고 생각했습니다.

폴은 인터넷 파이프라인을 전국, 나아가 전 세계에 구축할 계획을 세웠던 것입니다!

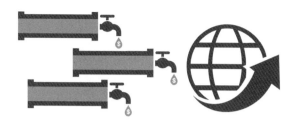

큰 그림을 보라

e-비즈니스가 성장을 거듭하면서 폴은 커다란 행복감과 성취감을 맛보고 있었습니다. 반면 폴이 전에 다니던 직장의 동료들은 하루하루가 가시방석이었습니다. 점점 첨단기술을 도입한 회사는 인력을 감축하기 시작했고 특히 많은 월급을 받고 있던 브루스는 해고 대상 1순위로 떠올랐습니다.

어느 날 브루스가 친구들에게 구형 PC 컨설팅을 해주겠다는 제안을 했음을 알게 된 폴은 안타까운 마음에 브루스를 찾아갔습니다.

"브루스, 자네의 도움이 필요해서 찾아왔어."

잔뜩 움츠리고 있던 브루스는 날카로운 눈빛으로 쏘아보며 말했습니다.

"지금 나를 놀리는 거야!"

"진심이야. 자네에게 좋은 사업기회를 주고 싶다고. 인터넷 파이프라인으로 시스턴 인터내셔널을 그만둘 만큼 수입을 올리기까지 2년 정도가 걸렸어. 난 그 과정에서 많은 것을 배웠지. 특히 어떻게 하면 좀 더 효과적으로 신개념 파이프라인을 구축할 수 있는지 깨달았어. 사람들과 대화하는 법, 팀을 만드는 법, 성장하는 사람들의 그룹을 키우는 법을 알고 있다고. 나는 나와 파트너들이 새로운 파이프라인을 계속 구축하도록 해줄 훌륭한 시스템을 알게 된 거야."

궁극적인 파이프라인

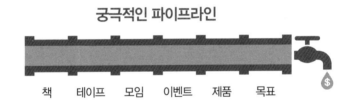

책   테이프   모임   이벤트   제품   목표

브루스가 조용히 있자 폴이 말을 이었습니다.

"내겐 파이프라인 파트너가 필요해. 내가 알고 있는 것을 모두 자네에게 가르쳐줄게. 물론 돈은 한 푼도 받지 않아. 대신 내가 가르쳐준 시스템을 다른 사람에게 가르치기만 하면 돼. 그러면 그 사람들이 또 다른 사람에게 그것을 가르칠 거야. 결국 전국에 신개념 파이프라인이 만들어지지. 나아가 전 세계에 파이프라인을 구축하는 거야."

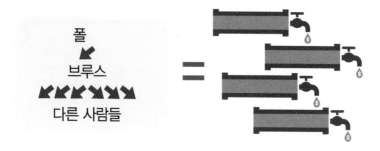

"전 세계에 파이프라인을 만든다고?"

"생각해봐. e-파이프라인을 통한 모든 온라인 구매의 일부를 우리가 담당하는 거라고. 우리의 온라인 파이프라인을 거치는 양이 늘어날수록 그만큼 수입도 늘어나지. 하지만 e-파이프라인이 내 꿈의 종착역은 아니야. 이것은 단지 시작일 뿐이라고!"

브루스는 마침내 폴의 이야기에서 미래의 커다란 청사진을 보았습니다. 그는 미소를 지으며 폴에게 손을 내밀었습니다. 그들은 서로 악수를 나누고 깊이 포옹을 했습니다.

축복의 선물

　몇 년 후 폴과 브루스는 은퇴했지만 그들의 전 세계 인터넷 파이 프라인은 그들에게 연간 수백만 달러의 수입을 안겨주었습니다. 어릴 때부터 단짝이던 그들은 세계 여러 곳으로 여행을 다녔는데 어느 날 브루스가 폴에게 좋은 소식이 있다며 만나자고 했습니다.

　"폴, 자네가 내게 웹 비즈니스 기회라는 커다란 선물을 준 이후 내 인생은 완전히 바뀌었네. 그래서 오랫동안 자네에게 좋은 선물을 주려고 고심을 했지. 자, 내 선물을 받게."

　브루스는 폴에게 봉투 하나를 내밀었습니다. 그 안에는 이탈리아행 1등급 비행기표 두 장이 들어 있었습니다.

2장의 이탈리아행 티켓

　"이러지 않아도 되는데…."

　폴이 말을 꺼내자 브루스가 가로막으며 말했습니다.

　"자네도 알다시피 우리의 부모님들은 이탈리아에서 이곳으로 이민을 왔잖아. 인터넷으로 부모님들이 살던 이탈리아 중부의 작은 마을을 추적해보니 여전히 친척들이 살고 있더군. 폴, 이것은 자네에게 주는 내 선물이야. 그 마을에 한번 가보자고. 우리 할아버지의 할아버지의 할아버지의 할아버지의 할아버지와 마을 사람들이 물탱크에서 물을 길어 나르며 만났던 광장에 가보자고. 거기서 무릎 꿇고 우리의 조상들과 신께 축복의 파이프라인을 구축하게 해준 것에 감사드리세."

새로 시작되는 우화

브루스의 계획을 들은 폴은 깜짝 놀라더니 갑자기 브루스의 손을 움켜쥐고 말했습니다.

"브루스, 한 가지 부탁이 있네. 출발 날짜를 다음 주에서 내일로 앞당길 수 없겠나?"

그리고 2주일 후, 폴과 브루스는 2주일 동안의 이탈리아 여행을 마치고 미국으로 돌아오기 위해 로마공항에 있었습니다. 그들은 옛 조상들이 살던 거리를 걸었고 오랫동안 만나지 못한 친척들을 만나 함께 식사를 했습니다.

그야말로 평생 한 번 할까 말까한 여행을 즐긴 것입니다. 그

여행 이후 두 사람의 우정은 더욱 깊어졌습니다. 그들이 같은 책을 무릎 위에 올려놓고 공항 로비에 나란히 앉아 가끔 책의 구절을 속삭이고 있을 때 어떤 남자가 큰 소리로 외쳤습니다.

"앗! 안 됩니다! 비행기 편이 또 취소되다니 말도 안 돼요!"

그가 고래고래 소리를 지르는 바람에 사람들의 시선이 모두 그에게로 향했습니다.

"아니, 우리 항공편이잖아."

폴이 모니터를 바라보며 말했습니다.

"결항이래. 우리 이제 뭘 하지?"

폴이 친구를 쳐다보자 브루스가 알았다는 듯한 표정을 지었고 둘은 함께 웃었습니다. 브루스가 웃으며 물었습니다.

"지금 내 생각이랑 똑같은 생각을 하고 있었지?"

폴이 웃으며 말했습니다.

"자네도 나랑 생각이 같았단 말이야?"

둘은 자리에서 일어나 손바닥을 마주치며 동시에 외쳤습니다.

"여기서 일주일 동안 더 있어야 할 것 같은데!"

그러자 건너편에 있던 아까의 그 남자가 '별일도 다 있다'는 듯 두 사람을 쳐다보았습니다.

"아니, 비행기가 결항이라는데 뭐가 그리 좋습니까?"

그는 도무지 믿을 수 없다는 표정이었습니다.

"나는 이 공항에서 이틀이나 갇혀 있었단 말이오. 내참, 2년이나 딸아이의 생일파티에도 참석하지 못하고. 지난 몇 개월 동안 시차가 다른 나라를 몇 곳 오갔더니 지금이 며칠인지도 모를 지경이라오. 더구나 욕심 많은 내 고객이 계약을 취소해 일을 그르칠 상황이란 말입니다."

브루스가 말했습니다.

"그거 안됐군요. 충분히 이해가 갑니다. 우리도 한때는 그렇게 살았죠. 그렇지? 폴!"

"물론이지. 엄청난 스트레스에 짓눌려 살았잖아. 탈진 상태라고나 할까? 파이프라인을 알기 전까지는 우리도 그렇게 살았어. 그렇지? 브루스!"

"파이프라인을 알기 전까지라뇨?"

한참이나 분노를 터뜨리던 남자가 물었습니다.

폴이 가볍게 응수했습니다.

"설명해드리죠. 하지만 이 친구와 나는 지금 렌터카 데스크로 가야 합니다. 명함을 주시면 둘 중 한 명이 미국에 가서 전화를 하지요."

그 남자는 자신의 명함을 폴과 브루스에게 주었고 폴은 자신의 책을 그에게 건네주었습니다.

"비행기를 기다리는 동안 이 책을 한번 읽어보십시오. 이 책을 읽고 나면 우리가 전화했을 때, 하고 싶은 말이 많을 겁니다."

폴은 브루스의 등을 두드리며 렌터카 데스크 쪽으로 이끌었습니다. 그리고 잠시 비행기 결항 때문에 잔뜩 화가 난 남자의 명함을 들여다보았습니다.

> ### 밥 브루노
> 변호사
> 1 – 800 – SUE – THEM

폴이 말했습니다.

"밥 브루노 변호사! 나는 브루노 씨가 파이프라인 사업을 기쁘게 받아들일 거라고 생각해. 자네는 어때?"

브루스는 천천히 그의 이름을 되뇌었습니다.

"브루노, 브루노라…! 어쩐지 이름이 익숙한데?"

"나도 느낌이 좋아."

"내가 자네를 따라 이 사업에 뛰어들 때의 느낌이야. 브루노도 우리의 새로운 파트너가 되어 좋은 파이프라인을 구축할 거야."

폴과 브루스는 새 친구를 한 번 돌아보았습니다. 그 변호사는 무릎 위에 책을 올려놓고 한동안 표지를 바라보았습니다. 그리고 가장 좋아하는 손자에게 받은 선물을 풀어보는 할아버지처럼 《파이프라인 우화》를 읽기 시작했습니다.

파이프라인 우화

초판 1쇄 발행 | 2015년 12월 28일
초판 2쇄 발행 | 2017년 2월 15일

출판등록번호 | 제2015-000155호

펴낸곳 | 도서출판 라인
지은이 | 버크 헤지스

발행인 | 정 유 식
기 획 | 정 유 식
디자인 | 안 지 영

잘못된 책은 바꿔드립니다.
가격은 표지 뒷면에 있습니다

ISBN 979-11-955708-5-0

주소 | 서울시 강남구 선릉로90길 10, 상제리제빌딩
전화 | 02-558-1480
메일 | nubiz00@naver.com